영국의 황금시대를 이끈
빅토리아 여왕

영국의 황금시대를 이끈 빅토리아 여왕

2010년 12월 13일 초판 1쇄 발행
2012년 10월 17일 초판 4쇄 발행

글 김은희 / 그림 고은정·Top space
펴낸이 이철규 / 펴낸곳 북스
편집 김세영 / 편집디자인 박근영 / 마케팅 김종열

편집부 02-336-7634 / 영업부 02-336-7613 / FAX 02-336-7614
전자우편 vooxs2004@naver.com / 등록번호 제 313-2004-00245호 / 등록일자 2004년 10월 18일
주소 서울특별시 광진구 자양4동 52-197번지 2층
값 9,800원
ISBN 978-89-6519-010-3 74800
　　　978-89-91433-70-0 (세트)

잘못된 서적은 구입하신 서점에서 교환하여 드립니다.
이 책은 저작권법에 의해 보호를 받는 저작물이므로 불법 복제와
스캔 등 무단 전재 및 유포·공유를 금합니다

영국의 황금시대를 이끈
빅토리아 여왕

글 김은희 그림 고은정·Top Space

머리말

대영제국에 찬란한 영광을 선사한 여왕 빅토리아

영국은 지금도 여왕이 다스리는 나라입니다. 가끔 언론을 통해 왕자와 공주의 소식이 전해지기도 하지요.

그렇다면 영국인이 가장 좋아하고 사랑한 여왕은 누구일까요? 답은 이 책의 주인공인 빅토리아 여왕입니다.

18살의 어린 나이로 왕위에 오른 그녀는 64년이라는 긴 시간 동안 영국의 황금기를 이끌었습니다. 또한 그녀는 지극히 사랑한 남편 앨버트와 행복한 가정을 꾸미는 데도 성공하지요.

밖으로는 영국의 번영을, 안으로는 완벽한 결혼 생활을 이룬 그녀를 기려 영국 사람들은 19세기를 '빅토리아의 시대'라고 부르며, 또한 빅토리아-앨버트 박물관을 지어 그 둘의 사랑을 추억하고 있습니다. 켄싱턴에 있는 이 박물관은 세계적인 관광 명소이기도 하지요.

무엇 하나 모자랄 것 없어 보이던 빅토리아 여왕이지만 유년 시절까지 행복한 것은 아니었습니다. 단 하나뿐인 왕가의 계승자라는 굴레는 어린

그녀에게 아마도 감당하기 힘든 짐이었을 것입니다. 그녀를 통해 영국이라는 거대한 국가의 권력을 차지하고 싶어 하는 가족과 친척들이 서로 힘겨루기를 벌인 것 역시 어린 그녀의 가슴에는 깊은 상처로 남았을지 <u>모르죠</u>.

 빅토리아는 그 시기를 과연 어떤 얼굴로 견디고 버텨 냈을까요?

 또한 어린 시절의 빅토리아를 만난 지아와 한별은 과연 어떤 소중한 추억을 얻었을까요?

 마냥 차갑기만 한 지아의 마음도 조금쯤은 따뜻한 기운을 가지게 될지, 한별의 지아를 향한 해바라기 짝사랑은 과연 어떻게 될지 궁금하지 않으세요?

 이제 그 답을 찾아 비와 안개의 나라, 영국으로 출발할 시간입니다.

행복을 꿈꾸는 동화작가 김은희

목차

머리말 대영제국에 찬란한 영광을 선사한 여왕 빅토리아 −6

약혼하기엔 너무 어리다고요! −10

꼭두각시 공주, 빅토리아의 대탈출 −22

허우대만 멀쩡한 귀족 나리 앨버트 −54

천상배필을 찾아서 −88

사악한 그림자에 갇히다 —125

 벨기에의 왕 레오폴드의 정체 —151

대영제국의 진정한 왕을 가려라! —174

 인연은 가장 가까운 곳에 있다 —196

운명을 거스르는 지아의 선택 —208

부록 빅토리아 여왕, 영국의 유토피아를 꽃피우다 —215

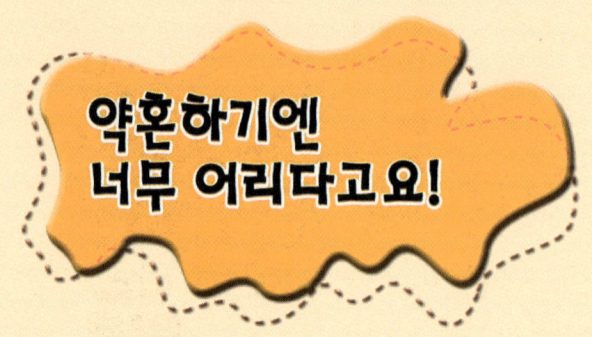

약혼하기엔 너무 어리다고요!

"그게 무슨 말씀이세요?"

늦은 밤의 정적을 깨고 지아의 고함이 집 안에 울려 퍼졌다. 슬슬 하루 일과를 마무리하려던 집사와 식구들은 갑작스러운 지아의 목소리에 식당 쪽으로 달려갔다. 그 중에는 당연히 호기심으로 똘똘 뭉친 한별도 끼어 있었다.

식당 안에는 모처럼 유럽 출장길에서 돌아온 한 회장, 즉 지아의 할아버지가 지아와 커다란 테이블을 사이에 두고 서로를 마주 보고 있었다. 둘 다 화가 단단히 난 얼굴이었다.

"오랜만에 만나서 왜 또 저러는 거야?"

한별은 머리를 긁적이며 중얼거렸다. 집사와 요리사, 하얀 앞치마를 두른 누나들도 동감한다는 듯 고개를 끄덕였다.

지아는 모처럼 얼굴을 마주한 할아버지와 식사도 하고 이야기도 나누는 등 즐거운 시간을 나누고 싶었다. 몇 번의 시간여행을 겪는 동안 지아는 성장했다. 옛날에는 할아버지와 눈빛만 마주쳐도 무서워 벌벌 떨었지만 지금은 숨 한 번 크게 들이쉬는 것으로 그 무서움을 이겨낼 수가 있었다.

할아버지는 그런 지아의 변화를 느꼈는지 약간 놀란 듯 눈을 반짝였다.

"조금 자랐구나. 그래서 말인데 이번에 네가 회사를 위해 한 가지 해 줄 일이 있다."

딱딱한 말투였지만 지아는 할아버지가 자신을 믿어 주는 것 같아 기뻤다. 몇 년 만에 듣는 칭찬에 얼굴까지 붉어졌다.

하지만 할아버지의 다음 말이 이어지는 순간, 지아의 온몸은 찬물을 뒤집어쓴 듯 차갑게 식어 버렸다.

"지금 프랑스에서 가장 큰 백화점과 합병을 추진 중이다. 이번 주말에 그 백화점의 회장 장자크와 그의 손자 루이가 한국에 온다. 넌 루이와 약혼만 하면 된다."

"예……, 에?"

지아는 자신의 귀를 의심했다. 이에 할아버지는 이마를 조금 찌푸리며 다시 한 번 또렷한 목소리로 말했다.

"루이와 약혼하라고 했다. 듣자 하니 잘 생기고 유순한 녀석이라고 하더구나."

지아는 너무나도 태연한 할아버지의 목소리에 감당할 수 없을 정도로 화가 치밀어 올랐다.

"도대체 그게 무슨 말씀이세요? 이름도, 얼굴도 모르는 사람하고 약혼이라니요? 제 의견은 묻지도 않으셨잖아요?"

할아버지는 오히려 지아가 화를 내는 것이 마음에 안 든다는 듯 탐탁지 않은 얼굴로 말했다.

"싫다면 강요할 생각은 없다. 하지만 나에게나 회사에게 아무 도움도 주지 않을 거라면 차라리 내 집에서 나가라."

할아버지의 말은 협박이나 다름없었다. 하지만 그렇다고 이름도 들어 보지 못한 사람과 흔쾌히 약혼하겠다는 대답도 할 수 없었다. 이럴 수도 저럴 수도 없는 지아의 눈에 끝내 눈물이 고였다. 지아는 벌떡 일어나 식당 밖으로 달려 나갔다.

"지아야!"

식당 밖에 서 있던 한별이 지나려는 지아의 어깨를 잡아 세웠다.

"놔!"

지아는 그런 그의 손길을 거칠게 뿌리치며 계단을 거침없이 뛰어올랐다.

한쪽에서 이 모든 과정을 지켜보던 집사의 주름진 얼굴은 안타까움을 넘어 화로 일그러졌다. 그는 성큼성큼 식당으로 들어가 한 회장의 앞에 멈춰 섰다.

"도대체 아가씨에게 왜 심술을 부리시는 겁니까? 어린 애도 아니면서."

한 회장은 태연히 말했다.

"심술이라니? 약혼하라는 게 왜 심술이야?"

"그게 그거죠. 아가씨는 이제 고작 열세 살입니다. 아직 초등학생이라고요."

"누가 그 아이더러 결혼하라고 했어? 일단 약혼부터 먼저 하라는 거잖아."

"그러니까 약혼이든 결혼이든 아직 아가씨에게는 너무 이르다고요!"

집사는 끝내 화를 참지 못하고 소리를 쳤다. 한 회장 역시 싸늘한 목소리로 되받아쳤다.

"흥! 이번 합병에 실패하면 수천 명의 직원들과 그 가족이 길바닥에 나앉게 생겼는데 그까짓 약혼을 왜 못 해?"

집사는 한숨을 내쉬며 말했다.

"그런 사정을 좀 차근차근 설명하시면 되잖습니까? 게다가 그런 사정이 있다 하더라도 아직 초등학생인 아가씨에게 약혼은 너무 이릅니다. 더구나 집을 나가라고까지 한 건 정말이지 너무 심하셨습니다. 아가씨께서 정말 가출이라도 하시면 어쩌시려고요?"

집사의 설득에도 한 회장은 요지부동이었다. 그는 차갑게 콧방귀를 뀌었다.

"나갈 데 있으면 나가라고 해. 나도 그런 약해 빠진 애는 손녀로 인정할 수 없어."

한 회장의 대답에 집사는 당사자인 지아보다 더욱 흥분하며 화를 냈다.

"아가씨가 최근 몇 달간 자신을 이겨 내려고 얼마나 노력했는지도 모르면서 어떻게 그런 말씀을 하십니까? 한 번만 더 아가씨에게 함부로 대하신다면 저도 참지 않겠습니다."

집사의 말에 한 회장의 한쪽 눈썹이 확 치켜 올라갔다.

"참지 않으면? 지금 그만두겠다고 날 협박하는 거야?"

"잘 알고 계시는군요. 어디 혼자서 잘해 보십시오."

집사는 그 말을 뒤로 한 채 문을 쿵, 닫고 나가 버렸다. 한 회장은 언제나 온순하고 조용하던 그의 예상치 못한 행동에 당황한 듯 눈을 몇 번이나 껌뻑거렸다.

도망치듯 방으로 달려온 지아는 씩씩거리며 방 안을 이리저리 돌아다녔다. 다른 때 같으면 며칠 밤이고 방 안에 틀어박혀 줄곧 눈물만 쏟았겠지만 몇 번의 시간여행을 거친 지금은 달랐다.

지아는 볼을 타고 흘러내리는 눈물을 손등으로 거칠게 훔치며 소리쳤다.

"대뜸 약혼이라니? 아무리 날 싫어하셔도 그렇지 너무하시잖아. 회사 합병하는데 왜 날 덤으로 얹어 주냐고? 내가 무슨 장난감이야?"

지아의 커다란 혼잣말은 방 안을 가득 메우고도 남아 메아리처럼 다시 귓가로 돌아왔다. 한참을 씩씩대던 지아의 눈에 거울이 들어왔다. 붉어진 눈과 참담하게 일그러진 얼굴, 분노로 부들부들 떨리는 어깨까지. 완전히 비 맞은 고양이가 따로 없었다. 순간 지아의 머릿속에서 툭, 하고 뭔가가 끊어져 나갔다.

"에이! 정말 확 나가 버릴 거야. 못할 줄 알고!"

지아는 다짜고짜 옷장에서 커다란 가방을 질질 끌고 나왔다. 그리고는 서랍을 열어 손에 잡히는 대로 옷이며 신발들을 가방 안에 던져

넣었다. 그러느라 거울에서 희미하게 빛이 일렁이는 것도, 그 빛의 반짝임 사이로 검은 머리카락의 누군가가 신기한 듯 자신을 지켜보는 것도 알아채지 못했다.

　시간이 지날수록 거울에서 쏟아지는 그 빛은 점점 더 강해졌고, 그에 따라 거울 속 소녀의 모습은 점점 더 뚜렷해졌다. 하지만 방 안을 환하게 밝히고 있는 형광등과 벽을 따라 점점이 켜진 할로겐램프의 불빛 때문에 지아는 그런 사실을 전혀 눈치 채지 못하고 있었다. 아니, 형광등 불빛 때문이 아니라 할아버지에 대한 화가 지아의 눈길을 막고 있었다.

　"화 많이 나셨죠?"

　집사의 목소리가 들린 것은 가방이 옷으로 뒤덮일 즈음이었다. 지아는 뒤를 돌아서다 말고 깜짝 놀라고 말았다. 살짝 열린 문 앞에는 언제나 입던 정장에 짙은 색 넥타이가 아닌 알록달록한 셔츠에 청바지를 입은 집사가 서 있었다. 게다가 그의 손에는 커다란 분홍 보자기 꾸러미까지 들려 있었다.

　"집사님, 옷이 그게 뭐예요? 그 촌스러운 보자기는 또 뭐고요?"

　"아, 이거요? 아무래도 아가씨와 같이 가려면 간편한 옷이 나을 것 같아서요."

　"예? 저랑 가출……."

　"지아가 왜 할아버지랑 가출을 해요? 하려면 나랑 해야지. 그리고 그 나이에 주책없게 무슨 가출이에요?"

　지아가 뭐라고 대꾸하려는 순간, 요란한 발소리와 함께 한별이 방 안으로 뛰어 들어왔다. 한별 역시 어깨에 커다란 배낭 하나를 메고 있었다.

지아는 집사와 한별을 차례로 쏘아보며 말했다.

"집사님, 그 연세에 무슨 가출이에요? 그리고 내가 왜 너랑 집을 나가?"

하지만 집사와 한별은 들은 척도 하지 않은 채 양쪽에서 지아의 팔을 잡아당겼다.

"아가씨, 저랑 바람이나 쐬고 오시자니까요? 이러다가 정말 약혼식장에 끌려가신다고요."

"말은 똑바로 하셔야죠. 집사님이랑 가면 그게 무슨 가출이에요? 노인 봉양 효도여행이지."

"이 녀석, 말 다 했어? 그러는 넌 돈이나 있어?"

"윽! 그, 그건……. 하여튼 지아는 저랑 갈 거예요. 그 손 놓으시죠?"

"너랑 같이 가시면 우리 아가씨 고생길이 훤한데 내가 놓겠냐? 넌 학교에도 가야 하잖아. 네가 놔."

"윽! 아파……."

한별과 집사가 양쪽에서 지아의 팔을 강하게 잡아당기는 바람에 지아는 짧은 신음을 냈다. 하지만 집사와 한별은 실랑이를 하느라 그 소리를 듣지 못했다. 오히려 지아의 팔을 잡은 손에 더욱 더 힘을 주었다.

참다못한 지아가 비명을 질렀다.

"으으……. 둘 다 당장 놓지 못 해! 아파 죽겠다고!"

지아의 고함에 둘은 깜짝 놀라 동시에 손을 놓았다. 그 바람에 이리저리 끌려다니던 지아는 균형을 잃고 거울이 있는 벽 쪽으로 내동

댕이쳐지듯 날아갔다.

"꺄악!"

"아가씨!"

"지아야!"

세 사람은 거의 동시에 비명을 질렀다. 금방이라도 거울이 산산조각 나 그 파편이 지아의 몸에 박혀 들 것만 같았기 때문이었다.

"조심해!"

또 다른 목소리가 들린 것은 바로 그 순간이었다. 그 목소리는 거울에서 희미하게 보이는 물체로부터 시작된 것 같았다. 하지만 지아와 한별, 그리고 집사는 이것을 알아챌 새가 없었다.

지아가 거울과 부딪히는 순간, 거울은 깨지는 대신 빛을 폭발시켰다. 그 빛은 균형을 잃고 쓰러지는 지아의 몸을 완전히 감싸고도 남아 방 안을 가득 채웠다.

"윽!"

눈 깜짝할 사이에 일어난 일에 한별과 집사는 다급히 손을 들어 올려 눈을 가렸다. 하지만 강렬한 빛은 그 찰나의 순간을 비집고 그들의 시야로 파고들었다. 한별과 집사는 눈이 멀어 버릴 것 같은 고통에 차라리 두 눈을 질끈 감아 버렸다.

잠시 후, 간신히 빛에 익숙해진 뒤에야 둘은 천천히 눈을 뜰 수 있었다. 그리고 한별과 집사는 동시에 아, 하고 탄성을 내질렀다. 방 안은 온통 빛의 물결이었다. 잔잔한 호수에서 반사된 햇살처럼 빛은 온 사방에 넘칠 듯 일렁이고 있었다. 그리고 그 빛의 중심에는 지아가 있었다.

거울에서 줄기줄기 뿜어져 나온 빛은 마치 커다란 식물의 덩굴처럼 지아의 몸을 감싸고 있었다. 한별은 한 발 앞으로 나가려다가 멈칫하고는 물었다.

"지아, 너 괜찮은 거야?"

지아는 어리둥절한 얼굴로 고개를 끄덕였다. 빛은 갓 태어난 새의 깃털처럼 따뜻하고 부드러웠다.

"응. 일단 다치진 않았어. 거울의 빛이…… 아마 내 몸을 받아준 것 같아."

한별은 안도의 한숨을 내쉬었다.

"휴우…… 다행이다."

"이게 다 누구 때문인 줄이나 알아? 너랑 집사님 때문이잖아?"

지아는 뾰족하게 쏘아 주고는 자신을 감싸고 있는 빛으로부터 벗어나려 몸을 이리저리 비틀었다. 하지만 움직이면 움직일수록 빛으로 만들어진 넝쿨은 느슨해지기는커녕 점점 더 지아의 몸을 조여 왔다. 설상가상 방 안에 흩어져 있던 빛의 입자들까지 서서히 모여들기 시작했다.

"윽! 이게 왜 이래? 놔! 놓으란 말야!"

지아의 얼굴이 창백해지자 그제야 한별도 사태의 심각함을 느꼈는지 거울로 달려들었다. 하지만 한별이 몇 걸음 걷기도 전에 거울은 마치 블랙홀이라도 되는 것처럼 빛을 끌어당기기 시작했다. 그에 따라 거울 앞에 있던 지아의 몸도 함께 끌려갔다. 지아는 필사적으로 한별을 향해 팔을 뻗었다.

"하, 한별아!"

한별은 정말 가슴이 터질 정도로 달렸다. 맹세코 단 한 번도 그렇게 달려본 적이 없을 정도였다. 그리고는 거울 앞에 다다르자 자신을 향해 뻗은 지아의 손을 힘껏 움켜잡았다.

한별이 지아의 손을 잡은 순간, 방 안의 모든 빛이 다시 한 번 눈부시게 폭발하며 강력한 바람과 함께 거울 속으로 완전히 빨려 들어갔다. 집사는 빛의 폭발로 눈앞이 하얗게 변하자 다시 한 번 눈을 질끈 감았다.

얼마만큼의 시간이 지난 뒤 집사는 슬그머니 눈을 떴다. 아무것도 없었다. 지아도, 한별도, 온 방을 가득 채웠던 빛도. 단지 천장의 형광등만이 수명을 다한 듯 깜박거릴 뿐이었다.

"이게 무슨 일이야?"

그제야 집사는 후들거리는 몸을 주체할 수 없는 듯 그 자리에 털썩 주저앉았다. 귀신에 홀린 기분이었다. 방금 자신이 본 광경은 눈을 뜨고 꿈이라도 꾼 듯 비현실적이었다. 하지만 사방으로 흩어진 지아의 옷가지와 한쪽에 버려진 채 뒹굴고 있는 한별의 배낭은 결코 그것이 꿈이 아니었다는 것을 말해 주었다.

집사는 몇 번이나 도망치고 싶은 마음을 누르며 거울로 다가갔다. 그리고 사시나무 떨듯 하는 자신의 손을 뻗어 지아와 한별을 삼킨 거울을 만져 보았다.

거울은 이미 평범한 모습으로 돌아와 시치미를 뚝 떼고 있었다. 집사가 아무리 요리조리 만져 보고 찔러 보아도 아무 일도 일어나지 않았다.

집사는 거울에 비친 망연자실한 자신의 얼굴을 멍하니 바라보며 중얼거렸다.
"이게 대체 어떻게 된 거야? 아가씨와 한별이는 도대체 어디로 간 거고, 이 이상한 거울은 또 뭐야?"

꼭두각시 공주, 빅토리아의 대탈출

"으아아악!"
쿠웅!
지아와 한별은 언제나처럼 요란한 비명과 함께 딱딱한 바닥으로 굴러 떨어졌다.
"으으……. 여기는 또 어디야?"
지아는 바닥에 부딪혀 얼얼해진 엉덩이를 문지르며 일어났다. 얼굴부터 납작 떨어진 한별 역시 새빨개져 버린 코를 만지작거리며 주변을 살펴보았다.
"우와! 끝내준다."
도착한 곳은 한별이 자신도 모르게 감탄할 정도로 아름다운 장소였다. 검은색과 흰색이 바둑판처럼 배열된 대리석 바닥은 얼굴이 비칠 정도로 반짝반짝 닦여 있었고, 그 대리석 바닥부터 까마득히 높은 천장까지 길게 이어진 투명한 창문에는 하늘하늘한 레이스 커튼이 길게 드리워져 있었다. 티 한 점 없이 새하얀 벽에는 서사시처럼 웅장한 그림이 그려진 커다란 액자들이 줄 지어 걸려 있었다. 또한 넓은 공간 곳곳에는 고대 그리스의 조각품부터 이집트의 유물, 심지어 중국의 도자기 등 동서고금의 예술품들이 보기 좋게 전시되어 있어 보는 사람들의 눈을 즐겁게 해 주었다.

"멋지다. 무슨 박물관 같아."

지아도 미소를 지으며 말했다.

"사…… 살려줘."

영화에서나 봤음 직한 화려한 공간에 압도되어 있을 때였다. 누군가의 숨넘어가는 듯한 신음이 들려왔다.

"누구?"

깜짝 놀란 한별과 지아가 재빨리 아래를 내려다보았다. 그러자 자신들의 발밑에 깔린 한 소녀가 보였다. 둘은 화들짝 놀라 뒤로 물러섰다.

"끄으…… 아파! 죽는 줄 알았네!"

소녀는 그제야 허리를 짚으며 일어섰다. 아담한 키에 윤기가 흐르는 검은 머리카락, 강아지처럼 커다란 눈동자와 도자기처럼 뽀얀 피부를 가진 예쁜 소녀였다. 무척 귀한 신분임이 느껴지는 고급스러운 공단 드레스를 입고, 목과 팔에는 커다란 보석이 박힌 장신구를 끼고 있었다.

소녀가 끙끙거리자 지아는 자신도 모르게 물었다.

"너, 괜찮니?"

"괜찮…… 끄아악!"

그러자 소녀는 고개를 끄덕이려다가 말고 괴성을 질렀다. 그리고는 부들부들 떨리는 손가락으로 한별과 지아, 그리고 거울을 번갈아 가리키며 말했다.

"너, 너희들……. 아까 거울에서 봤던 애들이잖아? 어떻게 여기까지 온 거야? 혹시 내가 꿈을 꾸고 있는 건가?"

소녀는 눈을 동그랗게 뜨고 혼잣말을 하는가 하면, 볼을 세게 꼬집기도 했다.

"아야!"

당연히 소녀의 볼은 순식간에 부풀어 올랐다.

"크, 크흑!"

소녀의 볼이 벌에 쏘인 듯 붉게 변하자 지아와 한별은 풋, 하고 웃음을 터뜨렸다. 예쁜 얼굴과 드레스 곳곳에 지아와 한별이 남겼을 법한 발자국이 선명하게 찍혀 있어, 소녀의 행동은 더욱 엉뚱하게 보였다.

소녀는 놀란 와중에도 약이 오른 듯 발을 동동 굴렀다. 난데없이 거울에서 사람이 튀어나온 것보다 자신이 놀림거리가 된 것이 더 싫었다.

"웃지 마! 이게 다 누구한테 밟힌 건데?"

"미안해. 난 지아야, 한지아. 이쪽은 강한별이고."

지아는 간신히 웃음을 삼키며 말했다. 한별과 지아는 이 일이 어떻게 된 것인지 너무나 잘 알고 있었다. 또다시 거울의 이상한 힘이 발동되었고, 자신들은 시간과 공간을 뛰어넘어 과거의 어느 곳에 던져

진 것이다.

"그런데 여긴 어디니?"

한별의 질문에 소녀는 여전히 입을 삐죽이면서도 자부심이 어린 눈빛으로 대답했다.

"여긴 런던의 켄싱턴 궁전이야."

"궁전? 어쩐지 휘황찬란하다 했다."

한별이 감탄사를 터뜨리며 다시 한 번 주변을 돌아보았다. 소녀는 그의 반응이 마음에 든 듯 어깨를 으쓱이며 말했다.

"여기 있는 물건들 전부 우리 아버지가 수집하신 거야. 우리 아버지는 예술을 무척 사랑하셨거든."

"너희 아버지?"

"켄트 공작이시지. 지금은 돌아가셨지만 무척 미남이셨대. 그리고 나는, 에헴! 빅토리아라고 해. 영국의 공주이자 왕위 후계자야."

빅토리아라고 자신을 소개한 소녀는 자못 자랑스럽다는 듯 한껏 콧대를 세우며 말했다. 하지만 그 모습을 보는 지아와 한별은 다시 한 번 웃음을 터뜨리고 말았다. 자신 있게 고개를 세운 빅토리아의 한쪽 얼굴에 선명히 찍힌 발자국 때문이었다.

"푸핫! 너, 너무 웃겨!"

"크크큭! 웃으면 안 되는데…… 도저히 못 참겠다!"

두 사람이 바닥을 뒹굴 기세로 웃어 대자 빅토리아는 조금 전보다 더욱 화난 얼굴로 빽, 소리를 쳤다.

"뭐가 웃기다는 거야? 너희들, 당장 그만두지 못해!"

"미안. 하지만…… 잠깐만! 뭐라고? 빅토리아 공주?"

"영국의 그 유명한?"

빅토리아의 고함에 지아와 한별은 가까스로 웃음을 멈추었다. 그리고는 동시에 눈을 크게 떴다. 그제야 빅토리아는 피식 웃으며 거만하게 고개를 끄덕였다.

"흥! 알긴 아는구나. 내가 바로 위대한 대영제국의 빅토리아 공주야."

하지만 잠깐 멈췄던 지아와 한별의 웃음은 빅토리아의 얼굴에 찍힌 발자국에 눈길이 머무는 순간 다시 터져 나왔다. 빅토리아를 보고 뻣뻣하게 얼기에는 둘은 너무 많은 공주들을 만났던 것이다.

"큭큭!"

"크흑! 공주님 얼굴이라기엔 너무 웃기다."

빅토리아는 여전히 놀림 받는 듯한 기분에 콧김을 뿜어냈다.

"이, 이것들이 날 우습게봐? 좋아, 따라와. 내가 공주라는 걸 당장 증명해 주지. 그런 뒤에 큰 벌을 내릴 테니까 각오해 둬."

빅토리아는 무례한 두 불청객에게 서재에 있을 어머니를 만나게 해 주겠다며 앞장서서 걸었다. 하지만 서재까지 가지 않고도 빅토리아가 공주라는 것은 여실히 증명되었다. 복도를 지나는 길에 만난 모든 사람들이 그녀를 알아보고 분분히 절을 했기 때문이었다.

"공주님, 원 세상에! 얼굴이 그게 뭐예요?"

"어머! 공주님 옷이……."

"지금 당장 목욕물을 준비하겠습니다."

빅토리아는 일일이 그들에게 고개를 끄덕여 준 뒤 어깨를 으쓱이며 지아와 한별을 힐끗 돌아보았다.

지아가 나직이, 하지만 힘주어 말했다.

"그러니까 아까부터 말했잖아. 믿는다고."

"절대 안 돼. 꼭 서재까지 가서 왕가 족보를 보여줄 거야. 그래야 완전히 승복하지. 그리고 그런 뒤에……."

그녀는 생선을 움켜쥔 고양이처럼 눈을 빛내며 말했다.

"너희 둘은 내 전용 시녀와 시종이 되는 거야. 실컷 부려 먹어 줄 테다."

빅토리아는 자신의 계획이 썩 마음에 든 듯 커다랗게 웃으며 계속 복도를 걸었다. 주위 사람들의 시선 때문에 도망가지도 못한 채 어쩔 수 없이 그 뒤를 따르는 지아와 한별은 한숨을 푹 내쉬며 중얼거렸다.

"빅토리아 여왕이 원래 저런 성격이었나?"

"네가 모르는데 나라고 알겠냐? 하여튼 제대로 된 공주는 아닌 것 같네."

서재는 채광이 좋은 커다란 창이 줄 지어 난 복도 끝에 자리하고 있었다. 하지만 막상 서재 앞에 도착한 빅토리아는 서재의 문을 여는 대신 그 자리에 우뚝 멈춰 섰다. 안에서 흘러나오는 누군가의 목소리 때문이었다.

"빅토리아 공주님이 아직 저를 비서관으로 임명하는 서류에 서명하지 않았습니다."

독특한 억양을 가진 남자의 목소리였다. 높고 신경질적인 그 목소리에 빅토리아의 얼굴은 단번에 굳어졌다.

지아도, 한별도 그녀의 심각해지는 얼굴에 덩달아 숨을 죽이고 귀를 기울였다.

남자의 목소리가 이어졌다.

"그뿐이 아닙니다. 공작부인을 섭정으로 지정한다는 섭정동의안에도 아직 서명하지 않았습니다. 요즘은 모든 일에 반항적이어서 걱정입니다."

참다못해 지아가 빅토리아의 옆구리를 찌르며 물었다.

"누구야?"

"쉬잇!"

빅토리아는 대답 대신 손가락을 하나 세워 보였다. 그리고는 소리가 나지 않도록 천천히 서재 문의 손잡이를 돌렸다. 두꺼운 문은 손질이 잘 되어 있던지 매끄럽게 열렸다.

살짝 열린 문틈으로 화려한 드레스를 입고 의자에 앉은 중년의 귀부인과 그녀의 앞에 한쪽 팔을 책상에 짚은 채 비스듬히 서 있는 키가 큰 중년 남자가 보였다. 그들은 각각 빅토리아의 어머니인 켄트 공작부인과 그녀의 비서관이자 켄싱턴 궁의 모든 것을 책임지는 시종장 격인 존 콘로이 경이었다.

켄트 공작부인은 중년임에도 무척 아름다웠다. 구불거리는 금발머리와 청록에 가까운 녹색 눈동자, 약간 통통하지만 그래서 더욱 윤기 나는 피부는 그녀의 우아함과 기품을 온몸으로 말해 주고 있었다.

존 콘로이는 공작부인과 정반대의 분위기를 풍겼다. 날카롭게 찢어진 두 눈과 뾰족한 코, 비틀린 미소를 가진 그는 차갑고 신경질적이며 야비해 보였다. 귀 옆으로 기른 구레나룻은 그런 그의 얼굴을 더욱 음침하게 만들었다.

빅토리아는 둘의 대화에 관심이 많은지 여전히 숨을 죽인 채 귀를 기울였다. 덩달아 지아와 한별도 귀를 쫑긋 세웠다.

차가운 인상의 남자가 심각한 목소리로 말했다.

"이대로 멍하게 있다가 미숙하고 어린 공주께서 덜컥 왕위에라도 오르시면 그 영악하고 탐욕스러운 의회의 의원들에게 권력을 빼앗기고 말 겁니다. 그렇게 되면 빅토리아 공주는 이름뿐인 여왕으로 전락할 것이 분명하고, 최악의 경우 의회가 공화정을 채택하기라도 한다면 영국의 왕실 자체가 사라질 수도 있습니다."

그의 말대로 최근 유럽의 몇몇 나라에서는 극렬한 시민운동을 통해 왕정 대신 공화정 정부를 수립하였다. 심지어 절대왕정의 상징이라고 할 수 있는 프랑스에서는 왕과 왕비가 단두대에서 처형되는 일도 있었다.

공작부인은 상상만 해도 끔찍하다는 듯 어깨를 떨었다.

"하지만 아무리 설득해도 빅토리아는 꿈쩍도 하지 않으니 어쩌면 좋죠?"

그녀의 절박한 목소리에 존 콘로이는 눈을 번뜩였다. 그 때문에 그렇지 않아도 차가운 그의 인상이 더욱 싸늘해 보였다.

문틈으로 이를 지켜보던 지아는 문득 그가 뱀 같다고 생각했다.

한별도 비슷한 인상을 받았는지 조그맣게 중얼거렸다.

"소름 끼쳐."

"쉬잇! 조용히 좀 하라니까."

빅토리아가 눈을 부라렸다. 다행히 존 콘로이는 아무 소리도 듣지 못했는지 계속 말했다.

"그런 걱정을 하실까 봐 제가 미리 생각해 놓은 것이 있습니다. 빅토리아 공주님께서 저희 편에 설 청년과 결혼을 하시면 되는 거죠."

"결혼이요?"

공작부인이 상상도 못했다는 듯 짧게 소리쳤다.

"결혼이라고?"

엿듣고 있던 빅토리아와 지아, 한별도 깜짝 놀라 입을 쩍 벌렸다.

존 콘로이는 공작부인의 반응을 미리 예상한 듯 가볍게 웃으며 말했다.

"언젠가는 해야 할 결혼입니다. 소문을 듣자 하니 윌리엄 왕도 자신의 조카인 조지를 공주님의 결혼 상대로 점찍었다고 하더군요. 의회의 귀족들도 저마다 자신의 아들이나 친척을 공주님의 남편감으로 밀어붙일 겁니다. 그러니 그 전에 저희가 먼저 손을 쓰자는 것이죠."

공작부인은 그의 말에 설득된 듯 고개를 끄덕이며 물었다.

"그래서 적당한 상대가 있나요?"

존 콘로이는 기다렸다는 듯 고개를 끄덕였다.

"오랑주의 피터 왕자가 가장 적당할 것 같습니다. 이미 제가 편지를……."

거기까지 들은 빅토리아는 더 이상 참지 못하고 홱 돌아섰다. 그리고는 성큼성큼 큰 걸음으로 왔던 길을 되짚어갔다.

"어쩌지?"

"어쩌긴. 우리도 가야지. 따라가자."

지아는 어깨를 한 번 으쓱인 뒤 한별과 함께 빅토리아를 따라갔다.

"으아! 열 받아! 날 장난감처럼, 인형처럼 취급하는 것도 모자라서 뭐? 결혼?"

방 안에 들어오자마자 빅토리아는 의자 위에 놓인 쿠션이며 베개들을 마구 집어던졌다. 쿠션이 터지며 깃털이 사방으로 날렸다. 그렇게 날린 깃털 중 몇 개는 이미 엉망이 된 빅토리아의 얼굴이며 어깨로 내려앉았다.

지아와 한별은 문에 등을 딱 붙이고 서서 법석을 피우는 빅토리아를 그저 바라보기만 했다.

잠시 후, 빅토리아가 힘이 다 빠진 듯 가쁜 숨을 몰아쉬며 소란을 멈췄다. 방 안은 한바탕 태풍이라도 몰아친 듯 말 그대로 아수라장으로 변해 있었다.

하지만 빅토리아는 여전히 분이 풀리지 않은 듯 씩씩거렸다.

"아직도 화가 안 풀려."

지아는 이쯤에서 빅토리아를 진정시켜야겠다고 생각하며 말했다.

"목소리가 너무 커. 그렇게 소리를 질러 대다간 네가 엿들은 걸 궁전 안의 모든 사람들이 알게 될 거야. 그렇게 되면 아까 그 사람들이 당장 쫓아올 것 같은데?"

그제야 빅토리아는 조금 이성을 찾은 듯 의자에 털썩 주저앉았다. 의자 위에 쌓여 있던 깃털들이 허공으로 날아올랐다가 사뿐히 바닥으로 떨어졌다.

"그런데 아까부터 궁금했는데 대체 그 사람들, 누구야?"

한별이 물었다. 지아도 궁금한 듯 빅토리아를 빤히 바라보았다.

"가장 가까운 사람들이자 숨도 못 쉬도록 나를 짓누르고 있는 사람들이지."

빅토리아는 자조적인 미소를 지으며 말을 꺼냈다.

그녀의 설명에 따르자면 어머니인 켄트 공작부인은 독일의 작센 코브르크-고타 가문의 귀족으로 빅토리아의 아버지인 켄트 공작과 결혼하여 영국으로 건너왔다. 결혼 생활은 대체로 행복했다. 하지만 켄트 공작이 죽고 나자 모든 것이 변하고 말았다. 부유한 왕족들이 그러하듯 켄트 공작은 사치품과 골동품을 모으는 일에 심취하여 재산의 대부분을 탕진하고 말았던 것이다. 그가 죽고 나자 남은 것은 엄청난 금액의 빚뿐이었다.

그때 그녀를 구해준 것이 바로 존 콘로이였다. 켄트 공작의 오랜 친구이자 신하였던 그는 남겨진 공작부인과 어린 빅토리아를 부양하기 위해 재산을 모두 팔았다. 하지만 그것으로도 엄청난 빚을 다 갚을 수가 없어서 결국 장사에까지 손을 대야만 했다.

"장사가 뭐가 어때서?"

가만히 빅토리아의 이야기를 듣던 지아가 고개를 갸웃거렸다.

"귀족들은 오직 토지나 대지에서 나오는 수입만이 깨끗하고 온당한 재산이라고 생각하는 경향이 있거든. 장사를 통해 버는 돈은 더 럽고 천하다고 경시하지."

한별은 인상을 찌푸렸다.

"무슨 그런 이상한 말이 다 있어?"

한별의 투덜거림을 무시한 채 빅토리아는 말을 이었다. 존 콘로이는 장사에 수완이 있어서 결국 모든 빚을 갚고도 약간의 돈을 벌 수 있었다. 덕분에 어린 딸과 함께 길거리에 나앉을 위기에 처했던 공작부인은 이후 그를 전적으로 믿고 의지하게 되었다. 물론 빅토리아도 그에게 감사했다.

그 뒤 빅토리아가 영국의 왕위 계승자가 되었고, 자연스럽게 존 콘로이는 새로운 거처인 켄싱턴 궁전의 모든 것을 책임지는 막강한 자리에 오르게 되었다. 그뿐 아니라 공작부인의 동의하에 빅토리아의 공동 보호자로 지명되어 높은 작위를 받는 영광도 가질 수 있었다.

"하지만 존 콘로이 경은 그것으로 만족할 사람이 아니었어. 그는 다른 어떤 사람과도 나에 대한 권리를 나누려 하지 않아. 심지어 영국의 왕이자 나에게 왕위를 물려주기로 되어 있는 삼촌과도 말이야. 그래서 어느 날 켄싱턴 시스템이라는 걸 만들었어."

켄싱턴 시스템은 한마디로 빅토리아가 반드시 지켜야 할 규칙들이었다. 규칙은 매우 구체적이면서도 엄격했다. 성인이 되기 전까지는 공작부인의 방에서 함께 자야 했고, 계단을 오르내릴 때는 반드시 어른의 손을 잡아야만 했다. 읽어야 할 책과 읽지 말아야 할 책의 목록이 만들어졌고, 만나야 할 사람들과 그렇지 않은 사람들이 나뉘어졌다. 오페라와 발레 공연 외에는 극장에 갈 수 없었으며, 통속적인 사랑 이야기가 담긴 셰익스피어의 연극은 절대로 볼 수 없었다.

음악도 바흐나 헨델 같은 고전만이 허락되었을 뿐 슈베르트 같은 현대음악은 연주할 수도, 악보를 구경할 수도 없었다. 식사도 담당 시녀가 먼저 모든 음식을 맛본 뒤에야 할 수 있었고, 궁전 밖 출입은 일 년에 한 번 하기도 힘들었다.

화가 날 정도로 까다로운 규칙이었지만 빅토리아는 켄싱턴 시스템을 지키려 애를 썼다. 어려울 때 자신과 어머니를 위해 귀족의 긍지까지 버린 존 콘로이에 대한 감사의 표현이기도 했다.

하지만 거기까지였다.

"이제 더 이상은 못 참아. 나에게는 한마디 상의도 없이 결혼이라니? 내가 무슨 체스판의 말이야? 왜 제멋대로 이리저리 옮겨 놓으려 하는 거야?"

빅토리아는 설명을 하던 중 다시 화가 치밀어 오른 듯 목소리를 높였다. 그런 빅토리아를 보며 지아가 한마디 했다.

"하지만 존 콘로이라는 아저씨의 말도 전혀 틀린 건 아니지. 이 시대의 왕족들에게 정략결혼이라는 건 흔한 일이잖아?"

빅토리아가 화를 내기 전에 한별이 먼저 외쳤다.

"한지아! 넌 약혼하기 싫다고 가출까지 감행하려던 애가 그게 할 소리냐?"

"응? 가출? 약혼?"

빅토리아가 깜짝 놀라 물었다.

지아는 쓴웃음을 지으며 자신과 할아버지 사이에 있었던 일을 이야기해 주었다. 그리고는 한마디 덧붙였다.

"설마 이백 년 전에까지 와서도 똑같은 문제에 부딪힐 줄은 몰랐지만 말이야."

"그런데도 넌 존의 편을 드니? 너야말로 너무하다."

빅토리아가 인상을 쓰며 말했다.

"오해하지 마. 순순히 시집을 가라는 게 아니니까."

"응? 그건 또 무슨 말이야?"

"존의 말대로 너 혼자 왕권을 지키는 건 힘들잖아. 조력자를 만들라는 거지."

듣다 못한 한별이 또다시 끼어들었다.

"그게 그거 아닌가? 아까 존 콘로이인가 하는 그 아저씨가 한 말이랑 다를 게 없잖아."

지아는 피식 웃으며 빅토리아를 응시했다.

"내 말은 사람들에게 네가 폰pawn이 아니라 퀸queen이라는 걸 보여 주라는 거야."

폰이나 퀸은 체스의 말을 가리키는 것이었다. 폰은 가장 낮은 말을, 퀸은 가장 높고 강한 말을 의미했다. 빅토리아는 그제야 눈을 빛내며 지아를 바라보았다.

"존이 날 두고 게임을 하길 원한다면 나도 같이 놀아 준다?"

"그렇지."

지아는 빅토리아를 바라보며 씩 웃었다.

"같은 게임을 하더라도 네가 이겨 버리면 되잖아?"

"내가 게임의 룰을 존 경보다 완벽하게 익힌다면 가능하지. 그렇게만 된다면 최후에 웃게 되는 사람은 내가 되는 거니까."

빅토리아의 입가에도 지아의 것과 비슷한 미소가 떠올랐다. 그리고는 그 방법을 궁리라도 하려는 듯 골똘히 생각에 잠겼.

지아와 한별은 그런 빅토리아를 방해하지 않기 위해 입을 꾹 다물었다.

그때, 나이 어린 시녀 한 명이 문을 열었다. 그녀는 엉망진창이 된 방 안을 보며 한 번, 그리고 방 못지않게 엉망인 빅토리아를 발견하고는 또 한 번 비명을 질렀다.

"꺄악! 공주님, 이게 대체……."

동시에 빅토리아가 깊은 상념에서 깨어난 듯 고개를 번쩍 들었다.

"좋아! 결혼, 해 주겠어!"

"엥?"

한별은 뜬금없는 빅토리아의 말에 고개를 옆으로 기울였다.

"단, 상대는 내가 정할 거야. 한눈에 사랑에 빠질 정도로 멋지고, 또 날 도와주고 내가 신뢰할 만큼 똑똑하고 영리한 사람으로."

지아가 한마디 덧붙였다.

"거기에 너에게서 왕관을 빼앗지 않게 욕심도 없어야 하겠지."

한별은 손가락을 하나씩 꼽아 보며 고개를 갸웃거렸다.

"음, 한눈에 반할 정도로 멋지고 머리도 좋은데 욕심은 없어야 한다. 엄청 까다로운데?"

"결심은 그럴듯한데 뭘 어쩔 작정이야?"

지아도 빅토리아의 생각이 궁금한 듯 물었다. 그러자 빅토리아는 아직까지도 얼떨떨한 얼굴로 서 있는 시녀를 바라보며 말했다.

"도망가는 거지. 너도 했는데 나라고 못 할 이유가 없잖아?"

그 말에 한별과 지아는 깜짝 놀라 합창하듯 외쳤다.

"가…… 가, 가출?"

"너, 공주라며? 그것도 왕위 계승자! 그게 말이 돼?"

하지만 둘의 반응은 시녀의 그것과 비교하면 아주 온순한 편이었다. 시녀는 그야말로 하얗게 질려 그대로 뒤로 넘어가기 직전이었다.

그런 시녀에게 빅토리아가 씽긋 웃었다.

"그래서 말인데, 플로라. 옷 좀 빌려 주라."

"응? 저게 뭐지?"

어느덧 해가 서쪽 하늘로 뉘엿뉘엿 지기 시작한 시간, 공작부인과 이야기를 나누던 도중 잠깐 창밖으로 눈을 돌린 존 콘로이는 정원으로 나서는 기묘한 행렬을 발견하고는 고개를 갸웃거렸다. 그러느라 공작부인의 말을 놓치고 말았다.

"예? 뭐라고 말씀하셨지요?"

"빅토리아의 남편감에 대한 얘기예요. 예전에 레오폴드 오라버니가 자신의 조카 앨버트를 추천했다고요. 하긴 앨버트 정도면 가문도 괜찮고 영리하다고 소문도 났으니……."

존 콘로이는 공작부인의 말이 끝나기도 전에 눈살을 찌푸렸다. 벨기에의 왕 레오폴드는 젊은 나이에도 뛰어난 정치 감각을 이용하여 약소국 벨기에를 단숨에 단단한 반석 위에 올린 뛰어난 왕이었다. 그렇지만 그에게 있어 레오폴드 왕은 그저 공작부인의 오빠라는 점을 이용하여 끊임없이 영국의 왕실에 관여하려는 귀찮은 존재일 뿐이었다. 하지만 지금 그의 신경을 긁어 대는 것은 바다 건너에 있는 레오폴드가 아니라 아까부터 눈에 거슬리는 저 이상한 행렬이었다.

"죄송합니다. 아무래도 잠시 나갔다 와야 할 것 같습니다."

그는 굳은 얼굴로 고개를 숙이고는 황급히 서재를 벗어났다. 그리고는 긴 다리로 계단을 서너 개씩 건너뛰듯 내려갔다.

"이건 미친 짓이야."

"내 말이!"

"쉿! 조용히 좀 해! 들키겠어."

플로라가 구해 온 허름한 옷을 입고 혹시나 들킬까 싶어 검은색 망토를 머리까지 뒤집어 쓴 지아와 한별, 그리고 빅토리아는 어두워진 복도를 나란히 걸으며 낮은 목소리로 서로를 타박했다. 그나마 셋은 좀 나은 편이었다. 작은 촛불을 든 채 그들의 선두에서 걷고 있는 시녀 플로라는 엄청난 음모에라도 휩쓸린 사람처럼 식은땀을 줄줄 흘리며 걷고 있었다.

지아는 그런 플로라의 등을 바라보며 동정의 한숨을 내쉬었다.

'솔직히 엄청난 일에 휩쓸리긴 했지. 공주의 가출이라는 전대미문의 사건에 가담한 셈이니까.'

일행이 막 건물을 나설 때였다.

"플로라, 안색이 안 좋구나. 그런데 이 애들은 누구니?"

플로라의 창백한 얼굴 때문인지, 아니면 난데없이 궁전 안에서 얼굴을 가린 일행 때문인지 한 중년의 여인이 플로라를 불러 세웠다. 그녀는 다름 아닌 빅토리아의 유모 레젠 남작부인이었다.

플로라는 딱딱하게 굳은 몸으로 멈춰 섰다. 나머지 셋도 최대한 얼굴을 가린 채 그 뒤에 몸을 숨겼다. 모두들 낭패한 얼굴이었지만 그 중에서도 빅토리아의 얼굴은 눈에 띄게 일그러졌다. 어릴 때부터 자신을 돌봐 온 레젠 부인이라면 아무리 이런 옷을 입고 있어도 한눈에 자신을 알아볼 게 뻔했다.

"하필 레젠 부인이……. 대충 둘러대."

빅토리아는 플로라의 옆구리를 찌르며 속삭였다. 하지만 죽을 만큼 긴장한 그녀가 제대로 답할 수 있을 리 없었다.

"그, 그게…… 그러니까……."

플로라는 그 자리에 서서 진땀만 주룩주룩 흘렸다. 그러는 사이 존 콘로이가 그들을 따라잡고 말았다.

"잠깐 거기 서라."

존 콘로이의 냉랭한 음성이 등 뒤에서 들리자마자 빅토리아와 지아, 한별은 두 눈을 질끈 감고 말았다. 가장 피하고 싶은 사람과 마주친 것이다.

존 콘로이는 성큼성큼 큰 걸음으로 순식간에 플로라의 앞에 섰다. 그리고는 찌를 듯한 시선으로 플로라와 두건을 쓴 세 명을 내려다보며 말했다.

"두건을 벗어라."

그의 강건한 목소리에 한별은 할 수 없다는 듯 어깨를 으쓱이며 두건을 벗었다. 지아도 마찬가지로 두건을 내렸다. 그러자 스륵 긴 머리가 등을 타고 흘러내렸다.

둘의 얼굴을 확인한 순간 존 콘로이는 사나운 짐승처럼 적개심을 드러냈다.

"플로라 헤이스팅스! 감히 내 허락도 없이 스파이일지도 모를 낯선 자들을 들여? 죽고 싶으냐?"

"그, 그런 게 아니에요."

차갑게 번들거리는 존의 눈동자와 눈이 마주치자 그렇지 않아도 겁에 질려 있던 플로라는 히끅히끅 딸꾹질을 터뜨리며 그 자리에 그대로 주저앉았다. 그리고는 울먹이는 눈으로 빅토리아를 돌아보았다.

존 콘로이의 눈이 더욱 번뜩였다.

"보아하니 네가 이 일의 주동자인 모양이구나. 얼굴을 보여라."

하지만 빅토리아는 그럴 수 없었다. 얼굴을 보이는 순간 가출은 고사하고 적어도 일 년은 방 밖으로 나오지도 못할 게 뻔했다. 힐끗 주변을 돌아본 빅토리아는 놀란 듯 멍한 얼굴을 하고 있는 레젠 부인 쪽으로 움직였다. 도망가려는 것이었다.

빅토리아가 움직이는 순간 존 콘로이가 호통을 치며 손을 쭉 뻗었다. 큰 키만큼이나 긴 그의 팔이 단숨에 거리를 좁히며 빅토리아의 어깨를 움켜잡았다.

"흥! 어림없는 짓!"

"꺄악!"

순간 빅토리아는 재빨리 몸을 틀었다. 그 바람에 존 콘로이는 빅토리아의 어깨가 아니라 길고 치렁치렁한 망토의 끝을 움켜쥐고 말았다. 그 바람에 두건이 반쯤 흘러내리며 빅토리아의 얼굴이 달빛 아래 살짝 드러났다.

아주 짧은, 말 그대로 찰나의 순간이었지만 존 콘로이는 그녀를 알아보았다. 그리고 그 충격으로 그는 그 자리에 얼어붙고 말았다.

"설마!"

"아저씨야말로 어림없지!"

존 콘로이가 잠시 멈칫하는 사이, 한별이 망토를 벗어 그에게 휘둘렀다. 망토는 마치 살아있는 생물처럼 펄럭이며 존 콘로이의 얼굴에 감겨들었다.

"으윽!"

갑작스럽게 찾아든 어둠에 존 콘로이가 당황한 듯 주춤 뒷걸음질 쳤다.

"존 경! 괜찮으세요?"

옆에 서 있던 레젠 부인이 금방이라도 쓰러질 듯한 그를 부축했다.

이제 빅토리아와 한별, 지아를 가로막는 사람은 없었다. 셋은 전속력으로 정원에서 멀리 보이는 성문을 향해 달렸다. 때마침 짐마차가 들어오고 있어 성문은 반쯤 열려 있었다.

"내가 아니라 저쪽이 먼저야! 저들을 잡아!"

존 콘로이는 허둥대며 자신을 돕는 레젠 부인에게 소리를 질렀다. 하지만 뒤엉킨 망토를 풀어내고 고개를 든 그의 얼굴은 어두웠다. 주저앉아 있는 플로라를 뺀 세 명은 벌써 성문을 벗어나고 있었다.

"성문을 닫아! 어서! 저들을 나가게 하면 안 돼!"

귀족의 체면도 잊은 듯 존 콘로이가 바락바락 소리를 쳤다. 레젠 부인과 플로라는 물론 근처에 있던 사람들은 처음 보는 그의 흥분한 모습에 깜짝 놀란 듯 일순 자리에 멈춰 섰다. 그러느라 그들은 낯선 시녀 둘과 하인 한 명이 성문을 빠져나가는 것을 막지 못했다.

존 콘로이는 낭패한 얼굴로 발을 굴렀다.

"이 멍청한 것들아! 당장 횃불을 가지고 와! 저들을 찾지 못하면 다 내 손에 죽을 줄 알아!"

그제야 정신을 차린 듯 사람들은 횃불을 만들어 우르르 성문 밖으로 몰려 나갔다.

"무슨 일이죠? 낯선 침입자가 있다고 하던데. 그리고 빅토리아는 어디 있죠?"

성 안팎이 소란스럽자 뒤늦게 공작부인이 달려 나왔다. 존 콘로이는 힐끗 보았던 빅토리아의 옆얼굴을 떠올리며 이를 갈았다.

"저도 그게 궁금합니다."

빅토리아는 그가 가진 가장 강력한 카드이자 마지막 카드였다. 그녀를 놓치게 되면 그에게는 아무것도 남지 않는다고 해도 과언이 아니었다.

그는 시종들이 몰려 나간 성문을 바라보며 잔뜩 억눌린 목소리로 중얼거렸다.

"하지만 반드시 다시 제 손안에 되돌려 놓을 겁니다. 반드시!"

빅토리아와 지아, 한별은 성문을 나서자마자 따라붙는 켄싱턴 궁의 시종들을 피해 거리에서 거리로, 골목에서 골목으로 숨이 턱에 닿을 정도로 달렸다. 절박한 발걸음 때문이었는지, 아니면 거미줄처럼 어지럽게 얽히고설킨 복잡한 런던의 뒷골목 덕분이었는지 추격자들과의 간격은 점점 벌어졌고, 마차가 다니는 한적한 대로로 접어들었을 때는 완전히 따돌릴 수 있었다.

"헉헉……. 호호호호! 너무 통쾌해!"

길 한가운데 멈춰 선 빅토리아는 숨이 차 빨개진 얼굴로 웃음을 터뜨렸다. 하도 요란한 웃음에 지나던 사람들이 힐끔힐끔 돌아볼 정도였다.

"헉헉……. 넌 힘도 안 드냐?"

"그러게. 궁 안에서 갇혀 지냈다더니 다 거짓말 아니야?"

지아와 한별은 주변의 쏟아지는 시선에 무안한 듯 얼굴을 붉히며 빅토리아를 말렸다. 하지만 빅토리아는 여전히 큰소리로 웃으며 괴성을 질러 댔다.

"와아! 이 해방감! 음~! 이 상쾌한 자유의 냄새!"

지아는 빅토리아를 따라 숨을 크게 들이켰다가 이내 코를 힘껏 움켜쥐었다. 선선한 밤이라고는 해도 런던 뒷골목 곳곳에 버려진 오물에서 풍겨 나오는 악취는 결코 상쾌하다고 할 수 없었다.

"이게 상쾌하다고? 너 미쳤니?"

한별도 인상을 썼다. 하지만 그 정도 핀잔으로는 흥분한 빅토리아를 진정시킬 수가 없었다. 빅토리아는 거리에 붙은 가게의 유리창에 얼굴을 찰싹 붙인 채 환호성을 질렀다.

"와아! 이 모자, 정말 예쁘다! 이 목걸이도 예뻐! 이 빨간 구두도!"

가게 주인들이 처음에는 들뜬 표정의 빅토리아에게 미소를 보였다. 하지만 빅토리아의 초라한 옷차림을 확인한 뒤에는 태도가 180도 달라졌다.

"이 녀석들! 이게 얼마나 비싼 건 줄이나 알아? 진짜 가죽에 진짜 보석이란 말이야. 장사하는데 방해하지 말고 썩 꺼져."

그들은 빅토리아가 만진 유리창을 손수건으로 닦아 내며 호통을 쳤다. 지아는 그들의 면박에 발끈했지만 정작 당사자인 빅토리아는 뭐가 좋은지 생글거리며 이 가게에서 저 가게로 정신없이 발걸음을 옮겼다.

"빅토리아! 제발 좀 한곳에 서 있어. 정신이 하나도 없잖아."

한별마저 도저히 못 참겠다는 듯 소리를 꽥 질렀다. 그러자 빅토리아가 화들짝 놀라 한별의 입을 틀어막았다.

"쉬잇! 지금부터 난 빅토리아가 아니라 비키야, 비키! 알았어?"

"비……키?"

"응. 신랑감을 찾아서 돌아올 때까진 그렇게 불러 줘."

빅토리아는 자신이 지어낸 가명이 썩 마음에 든 듯 크게 웃었다.

"신분을 숨긴 채 사랑을 찾아 떠도는 공주……. 캬아! 뭔가 신비롭지 않냐?"

"신비롭긴 개뿔. 내가 왜 너한테 바람을 넣었는지……. 생각만 해도 머리가 지끈거린다."

지아가 혀를 내둘렀다. 한별도 동감이라는 듯 고개를 끄덕였다.

"밥이나 먹으러 가자. 입에 뭘 좀 넣어 주면 조용해지겠지."

"미친 사람이군."

마차 안에서 밖을 내다보던 앨버트는 아까부터 이상할 정도로 팔짝팔짝 뛰어다니며 웃는 소녀를 바라보며 눈살을 찌푸렸다. 덕분에 단정하게 자른 갈색 곱슬머리에 푸른 눈동자, 그리고 영국 사람들과는 달리 건강하게 그을린 잘생긴 그의 얼굴이 살짝 일그러졌다.

그는 다시 한 번 들려오는 웃음소리에 바깥을 내다보았다. 또 그 아이였다. 검고 윤기 있는 머리카락이 조금 눈에 띌 뿐, 낡은 드레스를 입은 그 소녀는 거리 어디에나 있는 흔한 평민이었다. 앨버트는 잠시 그녀에게 시선을 주었다가 이내 고개를 흔들었다.

'아마 어느 귀족 집의 시녀이거나 하녀겠지. 주인에게 칭찬을 들었거나 용돈을 받은 모양이군.'

유쾌한 소녀와는 반대로 앨버트는 진창에 빠진 듯 불쾌한 상태였다. 삼촌에게 등을 떠밀려 얼굴도 모르는 공주를 만나러 왔다가 켄싱턴 궁전 안에는 발도 딛지 못한 채 존 콘로이라는 창백한 인상의

남자에게 쫓겨나듯 나오는 길이었다.

앨버트는 짜증난 목소리로 마차 벽을 두드렸다.

"아까부터 왜 이리 느릿느릿 가는 거냐? 길에서 밤을 샐 셈이냐?"

"죄송합니다, 손님. 노동자들이 시위라도 하는지 길이 많이 막히네요. 차라리 어디 가서 요기라도 하시는 편이 낫겠습니다."

역마차를 모는 늙은 마부는 연신 고개를 조아리며 말했다. 그제야 앨버트는 아침부터 아무것도 먹지 못했다는 사실을 떠올렸다.

"휴, 알았네. 가까운 식당에서 잠시 쉬지."

하지만 식당에 들어서자마자 앨버트는 인상을 찌푸렸다. 조금 전 거리에서 봤던 소녀가 비슷한 옷을 입은 일행들과 함께 홀 한가운데 놓인 테이블에 앉아 있었기 때문이었다. 그녀는 음식을 한가득 입 안에 넣은 채 유쾌하게 떠들고 있었다.

"2층으로 주시오. 꼭!"

그녀를 힐끗 쳐다본 앨버트는 지배인에게 단호한 목소리로 말했다.

"비키, 제발 먹으면서 말하지 좀 마. 다 튀잖아."

"하지만 한번 해 보고 싶었단 말이야. 존은 절대 못하게 했거든. 교양이 없어 보인다나?"

한별이 한숨을 푹 쉬었다.

"심하게 없어 보여. 내 생전에 다른 사람한테 식사예절 가지고 잔소리할 날이 올 줄 몰랐다. 아무리 꿈에 그리던 일탈이지만 기본적인 건 좀 지켜줘."

"응. 알았어. 여기요! 고기볶음 일 인분에 꼬치구이 일 인분 추가요."

빅토리아는 둘의 구박을 듣는 둥 마는 둥 기운차게 외쳤다.

"어휴, 빅토리아 여왕이 이런 왈가닥이었을 줄 진짜 몰랐다."

지아는 나직이 한숨을 내쉬며 아예 고개를 돌려 버렸다. 그 순간 출입문 바로 옆 테이블에 앉아 있던 남자와 눈이 마주쳤다. 남자는 흠흠, 헛기침을 하며 신문을 펼쳤다.

지아는 눈을 빛냈다. 남자가 신문을 거꾸로 들고 있었기 때문이었다. 지아의 날카로운 눈길에 남자는 그제야 자신의 실수를 깨달은 듯 허둥대며 신문을 똑바로 뒤집어 들었다.

지아는 슬쩍 고개를 돌려 한별과 빅토리아에게 속삭이듯 중얼거렸다.

"얘들아, 아무래도 우리가 미행을 완전히 따돌리지 못한 것 같아."

"엥? 그게 무슨 소리야?"

빅토리아가 눈을 동그랗게 뜨며 물었다. 지아가 속삭이듯 낮은 목소리로 조금 전의 남자를 가리켰다.

"쉬잇, 티는 내지 말고 저기 저 문 앞에 앉은 아저씨를 봐."

그 말에 빅토리아는 슬쩍 눈을 돌려 그쪽을 바라보았다. 그러자 지아의 말처럼 신문 너머로 자신을 뚫어져라 바라보다가 눈이 마주치자 황급히 시선을 돌리는 남자를 볼 수 있었다.

한별도 눈을 가늘게 뜨며 말했다.

"확실히 좀 이상하긴 하다. 옷에 비해서 구두며 모자가 너무 좋잖아."

그 말대로 평범한 옷을 입은 남자의 구두는 금방 닦은 거울처럼 반짝였다. 하지만 빅토리아는 다른 의미로 얼굴을 굳혔다.

"저 사람, 며칠 전 궁전 근처에서 본 적이 있어."

"확실해?"

"응."

빅토리아의 말로 확실해졌다. 지아와 한별이 속삭였다.

"어쩌지?"

"어쩌긴. 더 몰려오기 전에 잽싸게 빠져나가야지."

"하지만 어떻게? 출입문을 완전히 틀어막고 있잖아."

빅토리아는 잠시 생각에 빠진 듯 침묵을 지켰다. 그러다가 문득 한별을 돌아보며 물었다.

"너, 달리기 잘해?"

"그야 잘 하는 편이기는 하지. 그런데 왜?"

빅토리아는 대답 대신 씩 웃었다.

"야야, 너 또 무슨 생각을 한 거야?"

한별은 수상하게, 그리고 조금은 무서운 듯 눈을 가늘게 뜨고 물었다.

"꺄아!"

난데없이 들려온 소리에 식당 안의 사람들은 일제히 비명을 지른 빅토리아와 지아를 돌아보았다.

"꺄아아! 소매치기! 내 돈!"

빅토리아가 외치자 지아도 덩달아 소리쳤다.

"한 달 동안 꼬박 모은 월급이……. 누가 좀 잡아 주세요!"

하지만 사람들은 당황하고 놀라 눈을 껌뻑이기만 할 뿐 좀처럼 움직일 생각을 하지 않았다.

'이 사람들이……!'

연약한 소녀들의 위기에 가게 안의 손님들이 나서고, 그 혼란한 틈을 타 빠져나가려는 계획을 세웠던 빅토리아는 그들의 무심함에 눈썹을 살짝 치켜세웠다. 하지만 안타깝게도 이곳에 모인 사람들은 남의 일에 적극적으로 나설 정도로 정의감에 불타는 기사들이 아니었다.

"봐.. 처음부터 말도 안 되는 계획이라니까."

"아직 모르는 거야. 조금만 기다려 봐."

한별이 툴툴거리자 지아는 회심의 미소를 지은 뒤 한별을 가리키며 빽 소리쳤다.

"주인아저씨! 저 녀석 못 잡으면 밥값 못 내요! 이래도 손 놓고 구경만 할 거예요?"

지아의 외침에 그제야 가게 주인과 종업원들이 깜짝 놀란 듯 몰려들었다. 세 명의 어린 손님들이 먹성은 어찌나 좋은지 메뉴판에 있는 음식들을 몽땅 시켰기 때문이었다. 당연히 밥값도 꽤 나왔다.

"이 녀석! 감히 우리 가게 손님을 노려? 당장 잡아!"

그들의 손에는 어느새 빗자루며 몽둥이가 들려 있었다.

지아는 회심의 미소를 지은 뒤 다시 한 번 소리쳤다.

"저 녀석, 틀림없이 다른 사람들 돈도 노렸을 거예요!"

"그러고 보니 내 돈도 없어진 것 같아!"

다른 손님들도 허둥지둥 주머니를 뒤지며 한별에게 달려들었다.

"나 참……. 이러면 내가 꼭 악당 같잖아. 시켜도 꼭 이런 걸 시키냐?"

한별은 어이없다는 표정으로 지아를 한 번 째려본 뒤 날아드는 몽둥이와 아저씨들의 주먹을 피해 테이블 위에서 또 다른 테이블 위로, 의자에서 의자로 날았다. 온갖 운동과 그동안 시간여행을 하며 다져진 한별의 날쌘 몸놀림은 서커스단의 곡예사도 울고 갈 정도였다.

"이 날다람쥐 같은 녀석!"

"입구를 막아!"

종업원들은 한별이 재빨리 도망칠수록 더욱 화가 나는지 더운 콧김을 내뿜으며 이리 뛰고 저리 뛰었다. 한별을 잡으려는 사람들과 식사를 하던 손님들이 뒤엉켜 식당 안은 순식간에 아수라장으로 변했다. 테이블이 넘어지고 음식이 사방으로 튀었다.

"이때야, 뛰어!"

빅토리아와 지아는 그 틈을 타 출입구 쪽을 향해 달렸다. 그리고는 신문을 한 손에 구긴 채 당황한 기색이 역력한 남자를 한 번 슬쩍 째려보고는 그대로 밖으로 달려 나갔다.

"어어……. 고, 공주…… 으악!"

"비켜요!"

남자가 미처 정신을 차리기도 전에 이번에는 한별이 달려들었다. 한별은 놀라는 남자를 향해 한쪽 눈을 찡긋해 보인 뒤 크게 외쳤다.

"들켰어요, 대장! 도망가요!"

"무, 무슨 소리를……."

남자는 얼떨떨한 표정을 지으며 뒤돌아보았다. 하지만 날쌘 한별은 그 짧은 틈에 어디론가 자취를 감춘 듯 그림자도 보이지 않았다.

"이런……."

남자는 낭패한 듯 인상을 찌푸렸다. 그때, 누군가의 음산한 목소리가 등 뒤에서 들려왔다.

"어어, 형씨. 나 좀 보지."

천천히 돌아선 그의 눈에 아수라장이 된 식당을 배경으로 무시무시한 인상의 가게 주인과 종업원들, 그리고 음식물을 뒤집어 쓴 손님들이 보였다.

그의 등으로 식은땀이 주룩 흘렀다.

"아…… 그게 아니라…… 진짜 오해하신 거예요."

허우대만 멀쩡한 귀족 나리 앨버트

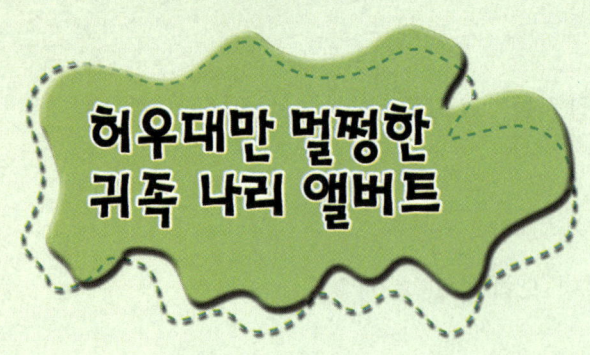

"마음에 안 드는 도시야."

식사 도중 요란한 소동이 벌어져 밥도 제대로 먹지 못한 앨버트가 가게 밖으로 나서며 투덜거렸다. 그는 식당 밖에 대기하고 있던 역마차에 오르며 다시 한 번 툴툴거렸다.

"벨기에로 돌아가면 다시는 런던에 안 올 테다."

다행히 길은 더 이상 막히지 않아 마차는 빠르게 달려 런던 항에 도착했다. 항구에 도착하자 마부는 재빨리 뛰어내려 짐칸에서 커다란 가방을 내렸다. 뒤이어 마차에서 내린 앨버트는 마부의 기대대로 몇 개의 동전을 건네주었다.

"자자, 가시죠. 제가 배 안까지 가져다 드리겠습니다."

동전이 생각보다 많았던지 마부는 신이 나서 앞서 걷기 시작했다.

마부에 이어 앨버트까지 멀어지자 마차 지붕을 덮어놓은 두꺼운 천이 들썩이는가 싶더니 누군가 고개를 쏙 내밀었다. 식당 앞에서 사라진 한별과 지아, 그리고 빅토리아였다. 셋은 멀어지는 마부와 앨버트의 뒷모습을 확인하고는 낑낑거리며 마차 지붕에서 기어 내려왔다.

"이제 어쩔 거야?"

한별이 조심스럽게 주변을 살피며 물었다.

빅토리아는 대답 대신 앨버트가 올라타고 있는 배를 가리켰다. 배는 이제 곧 출항을 하려는지 돛을 활짝 펴고 있었다.

"일단 바다를 건너야지. 그래야 유럽 각지에 널린 왕자들을 만나고, 그 중에서 내 신랑감을 찾지."

"그래. 가자, 가."

지아와 한별도 에라 모르겠다 하는 얼굴로 고개를 끄덕였다. 어차피 런던에 있어 봐야 존 콘로이의 손아귀에서 절대 무사하지 못할 것이었기 때문이었다.

셋은 인적이 뜸한 부두를 정신없이 달려 배 근처에 도착했다. 선원들이 출항 준비로 잠시 한눈을 파는 사이, 발소리를 죽여 재빨리 갑판 위로 올라선 일행은 불이 켜진 유일한 선실 안으로 숨어들었다.

"빅토리아를 놓치다니? 그게 무슨 말이야?"

윈저성의 가장 은밀한 곳인 왕의 침실에서 카랑카랑한 노인의 고함이 터져 나왔다.

목소리의 주인은 하얗게 센 머리카락과 주름 가득한 얼굴, 술 때문에 불룩 튀어나온 뱃살을 헐렁한 잠옷으로 가린 병약해 보이는 노인이었다.

노인 앞에 꿇어앉은 남자의 얼굴은 저승사자라도 만난 듯 파랗게 질려 있었다. 자신의 앞에 선 노인은 바로 '해가 지지 않는 나라' 대영제국의 왕이자 웅장하고 아름다운 원저성의 주인인 윌리엄 4세였기 때문이었다. 그리고 빅토리아의 삼촌이기도 했다.

존 콘로이의 방해 때문에 자주 만날 수는 없었지만 윌리엄 왕은 그 누구보다 자신의 조카이자 후계자인 빅토리아를 사랑했다. 그런 이유로 빅토리아의 실종을 접한 그의 분노는 뜨거웠다.

"그, 그러니까……."

보고를 하던 남자는 분노한 왕 앞에서 고개를 숙인 채 진땀만 뻘뻘 흘리고 있었다. 그런 그의 양쪽 눈두덩은 너구리처럼 시커멓게 물들어 있었다. 식당에서 빅토리아를 감시하던 중 소매치기로 오해 받고 사람들에게 얻어맞은 상처였다. 그는 존 콘로이의 부하가 아니라 윌리엄 왕이 빅토리아를 걱정하여 붙여 놓은 스파이였던 것이다.

윌리엄 왕은 더듬거리는 그에게 윽박지르듯 물었다.

"그래서 지금 어디에 있다는 거야?"

"밖에 있던 사람들에게 물어보았는데 공주님과 그 일행들이 도망치는 것을 보지 못했다고……."

"그게 말이 돼? 그럼 빅토리아가 하늘로 날아갔다는 거야? 아님 땅으로 꺼졌다는 거야?"

윌리엄 왕이 불같이 화를 냈다.

"진정 좀 하세요. 그렇게 화만 내면 아는 것도 기억이 안 나겠어요."

그때 차분하면서도 명쾌한 여인의 목소리가 들렸다. 바로 윌리엄 왕의 부인 아델하이트 왕비였다. 짙은 흑발, 그리고 윌리엄 왕과 똑같은 검은 눈동자를 가진 왕비는 갸름한 얼굴과 마른 몸 때문에 겉으로 보기에는 선이 곱고 여린 귀부인으로 보였다. 하지만 겉 보기와 다르게 사실 그녀는 윌리엄 왕을 눈빛 한 번만으로도 가뿐히 제압해 버리는 여장부였다.

그녀는 왕의 앞에서 떨고 있는 사내를 위로하며 물었다.

"자, 너무 긴장하지 말고 차근히 떠올려 보세요. 혹시 소란 직후에 특별히 눈에 띄는 건 없었나요?"

그녀의 말에 사내가 문득 고개를 번쩍 들었다.

"아! 그러고 보니 역마차 한 대가 서둘러 떠났습니다. 뭐에 쫓기듯 황급히 떠난 기억이 나네요."

"야! 그 중요한 걸 왜 이제야 말해?"

쉴 새 없이 방 안을 서성이던 윌리엄 왕이 버럭 소리쳤다.

"헉! 폐하!"

"여보! 건강도 안 좋으신 분이 그 무거운 청동 촛대는 왜 들어요? 제발 성질 좀 죽여요."

아델하이트 왕비는 쯧쯧, 혀를 차며 윌리엄 왕을 가로막았다. 그리고는 남자를 돌아보며 말했다.

"뭐해요? 어서 가서 역마차의 행방이나 알아보세요."

"네? 아…… 네. 감사합니다, 왕비마마."

그는 길길이 날뛰는 왕과 그런 왕을 간신히 말리고 있는 왕비를 뒤로하고 재빨리 왕의 침실에서 도망쳤다. 그의 등 뒤로 사이좋은 왕과 왕비의 목소리가 들려왔다.

"아니 왜 막아? 내 저 쓸모없는 녀석을 당장……."

"그만 좀 하라니까요. 이렇게 화를 내다가는 빅토리아의 성년식까지 절대 못 버틴다고 의사가 그랬잖아요?"

"하지만……."

"하지만이고 저지만이고 당장 침대로 들어가요! 당장!"

 돛 한가득 바람을 안은 배는 달빛을 받아 검푸르게 빛나는 템스 강을 따라 유유히 내려갔다. 분주히 움직이는 선원들을 뒤로하고 뱃전에 몸을 기댄 앨버트는 멀어지는 런던의 야경을 보며 그제야 길게 기지개를 켰다. 그리고는 선실로 들어가기 위해 몸을 일으켰다. 길고 고단한 하루가 드디어 끝난 것이다.

 하지만 선실 문을 열고 안으로 들어선 순간 간신히 풀어졌던 그의 인상이 다시 구겨졌다. 분명 아무도 없이 비어 있어야 할 방 안에 누군가 먼저 들어와 있었기 때문이었다. 그것도 한 명도 아닌 무려 세 명씩이나.

 딱딱한 나무 바닥이 불편하지도 않은지 짙푸른 머리의 소년이 코를 골며 잠들어 있었고, 한 명이 누워도 편히 자기 힘든 침대 위에는 검고 긴 머리카락 덕분에 자매처럼 보이는 두 소녀가 서로를 꽉 안은 채 잠들어 있었다.

 런던에 아는 사람이 하나도 없는 앨버트였지만 이 무단 침입자들의 얼굴은 무척 낯이 익었다. 마차 창밖을 통해 거리에서 보았던, 그리고 소란스러운 식당 안에서 마주쳤던 바로 그 얼굴들이었다.

"야! 일어나!"

분노 어린 표정의 앨버트는 쌕쌕거리며 자고 있는 한별을 발로 툭툭 쳤다. 하지만 한별은 뜻 모를 말을 뭐라고 중얼거리며 뒤로 빙글 돌아누워 버렸다.

"이 녀석이! 너희들도 얼른 일어나!"

한별에 이어 앨버트는 지아와 빅토리아의 어깨를 흔들었다.

"아 진짜……. 귀찮게 좀 하지 마."

"하암, 무엄하다. 썩 물러가."

지아는 눈을 감은 채 대뜸 베개를 던졌고, 빅토리아는 눈도 뜨지 않은 상태로 마치 파리를 쫓듯 손을 파닥거렸다.

"이것들이 정말! 야! 당장 안 일어나?"

가뜩이나 피곤하고 짜증이 나던 앨버트는 셋의 반응에 화가 머리 끝까지 치솟았다. 그는 먼저 돌아누운 한별의 엉덩이를 힘껏 걷어찬 뒤 침대의 이불을 가차 없이 잡아당겼다.

"아야! 누, 누구야?"

쿠당!

"꺄악!"

"윽! 누가 감히……."

깜짝 놀란 한별이 오뚝이처럼 발딱 일어났고, 바닥으로 굴러 떨어진 지아와 빅토리아 역시 비명을 지르며 잠에서 깨어났다.

앨버트는 허리에 양손을 척 얹은 채 바닥에 주저앉은 셋을 노려보며 낮은, 하지만 무시무시한 목소리로 말했다.

"밀항자들 주제에 태평스럽게 잠을 자고 있었단 말이지? 그것도 하필이면 내 방에서?"
 앨버트의 싸늘한 눈빛과 목소리에 일행은 움찔 어깨를 움츠렸다.

 갑판 한가운데로 끌려 나온 빅토리아는 선장실에서 나오는 선장을 보며 마른침을 꿀꺽 삼켰다. 지아와 한별도 헉하며 숨을 들이켰다. 2미터는 족히 되어 보이는 키에 얼굴 윤곽도 보이지 않을 정도로 덥수룩한 수염을 기른 선장은 선장이라기보다 마치 해적 두목 같아 보였다. 게다가 둘둘 걷어 올린 팔뚝에는 지렁이 같은 흉터들이 꿈틀대고 있었다.
 배 여기저기에 흩어져 있던 선원들도 재밌는 구경거리라도 난 듯 하나둘 모여들었는데, 그들의 외모 역시 선장과 크게 다르지 않았다. 게다가 뱃일에 꼭 필요한 듯 짧고 예리한 칼 하나씩을 허리춤에 꽂고 있었다.
 선장은 외모만큼이나 크고 위협적인 목소리로 일행을 내려다보며 말했다.
 "감히 내 배에 숨어들다니 간덩이가 부은 꼬마들이로군."
 선장의 말에 선원들이 낄낄거리며 웃음을 터뜨렸다.
 새벽이 오기 직전이라 주변은 온통 어둠에 잠겨 있었다. 캄캄한 밤, 물결이 출렁일 때마다 삐걱대며 움직이는 나무 바닥과 선원들의 기괴한 웃음소리 때문에 빅토리아와 한별, 지아는 완전히 겁에 질리고 말았다.
 "으악! 제발 물에 던지지만 말아 주세요. 상어 밥이 되긴 싫다고요!"
 "물귀신 되기 싫어! 집에 가고 싶어!"

"제발 목숨만은 살려 주세요!"

절박한 일행과는 달리 선장과 선원들은 배를 움켜쥐고 폭소를 터뜨렸다.

"프켁켁! 이 녀석들 정말 웃기네. 야, 여긴 아직 템스 강이야. 강물에 웬 상어?"

"그리고 뭐? 물귀신? 우리가 무슨 해적들이냐?"

"우리 선장 얼굴이 조금 험하게 생기긴 했지만 우린 상선이야. 밀항자라고 다짜고짜 배 밖으로 던지는 짓을 할 리가 없잖아."

그제야 빅토리아는 눈물을 닦으며 물었다.

"그럼 우리를 용서해 주시는 거예요?"

선장은 험악한 인상답지 않게 유쾌하게 웃으며 말했다.

"그래. 하지만 무조건 용서는 안 돼. 뱃삯만큼 일을 해야 한다."

선장의 시원시원한 대답에 한별과 지아, 그리고 빅토리아는 서로를 끌어안으며 팔짝팔짝 뛰었다.

"그건 걱정하지 마세요! 저 진짜 일 잘해요."

"고맙습니다, 선장님!"

"야호! 이제 진짜 자유다! 드디어 런던을 벗어났어!"

환호하는 셋을 보며 선원들도 미소를 지었다.

"팔팔한 녀석들이네."

"잘됐다. 그렇지 않아도 일손이 부족했는데 말이야."

단 한 사람, 앨버트는 마음에 들지 않는다는 듯 선실 쪽으로 돌아서며 툴툴거렸다.

"쳇. 조용히 가긴 틀렸군."

불행히도 그의 불길한 예감은 딱 들어맞았다. 긴장이 풀린 빅토리아가 다급히 입을 틀어막고 뱃전으로 달려간 것이다.

"우읍!"

궁 안에 갇혀 지내다시피 한 그녀였다. 당연히 배는 처음 타 본 것이다. 그녀는 모든 사람들이 배를 처음 타면 그렇듯 극심한 멀미를 시작했다.

"우욱!"

한참이나 멀미에 시달리던 빅토리아는 배가 또 한 번 크게 기울어지자 기어코 갑판 위에 벌렁 드러눕고 말았다. 잠깐 사이 훌쭉 파인 볼과 누렇게 뜬 얼굴은 누가 봐도 심각해 보였다.

"어쩐다……."

축 늘어진 빅토리아를 내려다보며 선장은 난감한 얼굴로 한숨을 푹 쉬었다. 여객선이 아닌지라 선장실과 선원들이 함께 사용하는 방을 제외하면 선실은 딱 하나, 앨버트의 방뿐이었다. 아무리 아프다고 해도 선장실을 비워 줄 수는 없었고, 그렇다고 아픈 병자를 거친 사내들이 우글대는 선원들의 방에 둘 수도 없었다. 게다가 빅토리아의 안색을 보니 간호할 사람도 필요했다.

그의 시선이 자연스럽게 앨버트에게로 향했다.

"왜 그런 눈으로 날 봐요?"

앨버트는 문득 선장의 시선을 느끼고는 고개를 돌려 물었다. 선장이 씩 웃으며 말했다.

"그야 손님이 저 꼬마 아가씨를 맡아 주셔야 하니까요."

"전 손님이라고요. 게다가 저 말고도……."

앨버트는 주변을 둘러보며 인상을 썼다. 선원들 전부가 모른 척 다른 곳을 바라보며 딴청을 피우고 있었다. 심지어 지아와 한별마저 고개를 한쪽으로 돌린 채 시선을 외면하고 있었다.

"야, 앤 너희들 친구잖아? 당연히……."

"우린 감자와 치즈가 굴러다니는 창고에서 자야 한다구요. 멀미하는 환자를 고약한 치즈냄새가 풀풀 풍기는 곳에서 재울 셈이에요?"

"거기다가 내일이면 우린 정신없이 바쁠걸?"

앨버트는 이를 갈았지만 분명 이 배에서 깨끗한 방이 있고 시간이 넘쳐 나는 것은 자신뿐이었다.

"아, 짜증나!"

앨버트는 다시 한 번 갑판이 꺼져라 한숨을 내쉬며 빅토리아를 안아 올렸다. 잠깐 사이 반쪽이 되어 버린 빅토리아는 작은 새만큼이나 가벼웠다.

"네가 나서지 말라고 해서 가만히 있긴 했는데 빅토리아, 괜찮을까? 저 녀석한테 엄청 구박받을 것 같은데?"

한별은 선실 문을 발로 뻥 걷어차고 들어가는 앨버트의 뒷모습을 보며 물었다. 그러자 지아는 묘한 웃음을 지었다.

"무사할 거야. 틀림없이. 저 둘은 걱정 안 해도 돼."

"응? 그게 무슨 소리야?"

"그런 게 있어. 우린 우리 걱정이나 하면 돼."

그 말에 한별의 안색이 어두워졌다.

"그러게. 저 창고……. 진짜 냄새 죽이던데. 치즈 냄새가 원래 저렇게 지독했나?"

끼익…… 끼익…….

물결이 출렁일 때마다 배는 나무가 뒤틀리는 건조한 마찰음을 내며 이리저리 기울어졌다가 다시 돌아오기를 반복했다. 그럴 때마다 선실 천장에 매달린 작은 등불은 작은 원을 그렸다. 밖은 어둠에 잠겨 있었지만 선실 안은 흐릿한 주홍빛 등불 덕분에 포근하게 느껴졌다. 나무 바닥에 드러누운 채 이리저리 흔들리는 등불을 바라보던 앨버트는 불편한 듯 다시 한 번 자세를 고쳤다. 하지만 그런다고 딱딱한 바닥에 닿은 등이며 어깨가 편해질 리 없었다.

"으으, 도저히 못 참겠다! 멀쩡한 내 방, 내 침대를 두고 이게 무슨 꼴이야?"

몇 번이나 뒤척이던 앨버트가 끝내 짜증을 내며 벌떡 일어섰다. 그런 그의 눈에 보이는 것은 이불을 돌돌 감은 채 침대에 새근새근 잠든 빅토리아였다. 조금 전만 하더라도 죽을 것 같아 보이던 빅토리아의 얼굴은 이제 배의 진동에 적응이 되었는지 제법 편해 보였다. 검고 윤기 있는 머리, 그림자가 드리울 정도로 긴 속눈썹에 생기를 되찾은 뽀얀 피부의 빅토리아는 무척 아름다웠다. 하지만 짜증이 머리끝까지 치솟은 앨버트의 눈에 그녀는 그저 자신의 침대를 차지한 침입자요, 불청객일 뿐이었다.

"이 녀석, 이제 멀쩡하잖아? 굳이 내가 침대까지 내 줄 필요가 없지. 암, 없고말고."

앨버트는 스스로에게 다짐이라도 하듯 몇 번씩이나 중얼거린 뒤 빅토리아가 덮고 있는 이불을 힘껏 끌어당겼다.

쿠당!

"아야!"
이불을 돌돌 말고 있던 빅토리아가 이불과 함께 바닥으로 떨어졌다.
"이게 무슨 짓이야?"
빅토리아가 잠에서 깨어나 벌떡 일어나며 소리쳤다.
앨버트는 아무렇지도 않은 얼굴로 빈 침대 위에 털썩 드러누웠다.
"팔팔한 걸 보니 이제 침대는 원래 주인인 내가 써도 되겠군."
앨버트의 말에 빅토리아는 입술을 삐죽이며 방을 돌아보았다.
"하지만 이 방에는 침대가 하나뿐이잖아. 난 어디서 자?"
앨버트는 아무 말 없이 바닥을 가리켰다.
"윽! 너, 너무한 거 아니야? 신사라면 당연히 숙녀에게 침대를 양보해야지."
앨버트는 그 말에 눈살을 찌푸렸다.
"숙녀? 이 방에 숙녀가 어디 있다고 그래? 내 눈에는 더럽고 성질 사나운 시녀밖에 안 보이는데? 설마 너, 신분을 속인 귀족이나 왕족이라도 돼? 그리고 왜 반말이야?"
앨버트의 말에 빅토리아가 흠칫 고개를 저었다.
"그, 그건 아니에요. 전 비키라고…… 그냥 평범한 시녀예요."
앨버트는 그럴 줄 알았다는 듯 성의 없이 고개를 끄덕이며 말했다.
"하긴 너처럼 이상한 애가 귀족이라는 게 더 웃기다. 그럼 내가 이 침대를 써도 불만은 없겠군."
빅토리아는 너무나도 태연하고 뻔뻔한 앨버트에게 발끈해서 중얼거렸다.
"그러는 자기는 뭐 그리 대단한 귀족이라고. 하는 걸 보아하니 보

나 마나 형편없는 시골 촌구석 귀족이 뻔하구만."

작게 중얼거렸다고는 해도 좁은 방 안에서 빅토리아의 목소리가 안 들릴 리가 없었다. 앨버트가 눈을 부라리며 말했다.

"알려 줄 필요도 없지만 잘 들어. 내 이름은 앨버트, 벨기에의 레오폴드 왕의 조카이자 코브르크와 고타의 대공이야. 다른 상황에서 만났으면 너 같은 애는 내 얼굴을 쳐다보지도 못했어. 알았냐?"

앨버트의 말에 빅토리아는 화들짝 놀란 듯 급히 눈을 내리깔며 고개를 옆으로 틀었다. 벨기에의 왕 레오폴드는 그녀의 외삼촌이었기 때문이었다.

앨버트는 그런 빅토리아의 반응이 자신의 대단한 신분 때문이라고 오해하고는 피식 비웃음을 지었다. 그리고는 침대의 편안함을 만끽하며 잠에 빠져들었다.

그가 잠들자 앨버트의 얼굴을 유심히 바라보던 빅토리아가 한순간 입술을 삐죽였다.

"흥! 잘생기긴 했는데 내 스타일은 아니네. 무엇보다 건방지고 재수 없어."

빅토리아는 바닥에 떨어진 이불을 돌돌 감고 누웠다. 하지만 딱딱한 바닥은 끔찍이 불편했다.

"숙녀를 바닥에 던져 놓고 잠이 오냐? 네가 그러고도 신사냐? 기사도는 다 어디다 말아먹은 거야?"

빅토리아는 조금 전 앨버트가 자신에게 그랬던 것처럼 잠든 그를 죽어라 째려보았다.

결국 한잠도 못 잔 빅토리아는 갑판 위로 나갔다. 동트기 직전의 이른 새벽이라 갑판 위에는 아무도 없었다.

"하암!"

기지개를 켜며 불편했던 온몸을 길게 뻗던 빅토리아의 눈이 갑자기 반짝였다.

눈앞에 보이는 풍경은 더 이상 공장의 하수가 뒤섞여 뿌옇고 탁한 강물이 아니었다. 검푸른 자줏빛과 투명한 남빛이 절묘하게 뒤섞인 빛깔의 바다가 태양이 떠오르는 곳부터 서서히 붉게 물들고 있었다. 물과 바람을 제외하고는 아무것도 없었지만 그 어떤 건축물보다 웅장하고 완벽한 자연의 위대함에 빅토리아는 눈물이 날 정도로 감동했다. 그리고 그제야 자신이 존 콘로이와 영국의 왕위 계승자라는 굴레에서 완전히 벗어난 것을 실감했다.

빅토리아는 밀려드는 해방감을 주체하지 못하고 소리 높여 외쳤다.

"꺄아악! 바다다!"

"뭐, 뭐야? 파도가 밀려오는 건가?"

"윽! 해, 해적이라도 나타난 거야?"

"누가 물에 빠졌어?"

빅토리아의 비명에 창고 한쪽에서 구겨져 잠들었던 지아와 한별, 그리고 선장과 선원들이 우르르 갑판으로 쏟아져 나왔다.

"무슨 일이야?"

잠든 지 얼마 안 된 앨버트마저 부스스한 눈을 억지로 비비며 뛰어나왔다.

"제가 바다를 처음 봐서요. 신기하고 멋져서 저도 모르게 그만……."

빅토리아는 예상치 못했던 사람들의 반응에 잠시 당황한 듯 식은 땀을 흘리며 변명을 했다.

"또 한 번 놀라게 했다간 가만 안 둘 거야."

"으……. 환자니까 이번 한 번만 봐준다."

선장이 눈을 부라리며 선장실로 돌아갔고, 선원들도 터덜터덜 갑판 아래 선실로 돌아가 이제 갑판 위에 남은 것은 빅토리아와 지아, 한별, 그리고 잔뜩 골이 난 얼굴의 앨버트뿐이었다.

앨버트는 빅토리아 코앞까지 다가와 이를 갈며 물었다.

"이 사고뭉치 왈가닥아! 비키, 너 나 잠 못 자게 하려고 일부러 그런 거지?"

"아니에요. 진짜 감동 받아서 그런 거라니까요."

"아무튼 또 한 번만 이래 봐! 네가 그렇게 좋아하는 바다에 정말로 확 던져 버릴 테니까."

빅토리아는 진심이었지만 앨버트는 전혀 믿는 눈치가 아니었다. 그는 죽일 듯 빅토리아를 노려본 뒤 쿵쾅거리며 선실 안으로 들어갔다.

콰앙!

선실 문이 부서질 듯 닫히자, 잠시 어깨를 움찔했던 빅토리아가 입술을 삐죽였다.

"진짜라니까 왜 화를 내고 그래? 하여튼 밥맛이야."

"해협은 금방 건넌대. 그럼 바로 유럽인데 어디로 갈지는 정했어?"

한별은 아직 잠이 덜 깼는지 하품을 하며 물었다. 이에 빅토리아는 고개를 끄덕였다.

"응. 일단 오랑주로 가려고. 거기 왕자부터 시작할까 해."

"오랑주의 왕자? 존 콘로이가 찍은 네 신랑감?"

지아는 왜 하필 거기냐는 듯 깜짝 놀라 되물었다.

"도대체 어떤 녀석이기에 존이 맘에 들어 하는지 궁금해졌거든. 그리고 적어도 그 녀석보다는 나은 남자를 찾아야 존 경도, 어머니도 할 말이 없을 거 아니겠어?"

빅토리아의 말에 지아와 한별은 고개를 갸웃거렸다.

"그, 그게 그렇게 되나?"

"맞는 말 같기도 하고 엉뚱한 말 같기도 하고. 하여튼 잘 모르겠다."

"아이 참, 내 말이 맞다니까. 그리고 그 다음은 프랑스로 갈 거야. 프랑스 왕자들이 미남이라고 소문이 자자하거든. 그리고 그 다음에는……."

세 사람은 아무도 없는 갑판 위에 둘러앉아 빅토리아의 신랑감 후보들을 정하기 시작했다.

"꼬맹이! 여기 물 튀었다. 누구 한 사람 엎어지기 전에 잽싸게 닦아."

"옙!"

"아, 그리고 찢어진 돛도 꿰매. 바람이라도 불면 낭패야."

"맡겨 주세요."

"밧줄도 감아 놓고. 매듭은 지을 줄 아냐?"

"그야 당연히 모르죠. 가르쳐 주세요."

"짜식, 알았다. 귀찮지만 이 몸이 한 수 알려 주지."

해가 뜨자마자 한별은 배 안의 모든 사람들이 가장 애타게 찾는 스타가 되었다. 한별은 이리 뛰고 저리 뛰며 선원들이 시키는 온갖 잡일을 귀찮아하는 내색 하나 없이 해냈다.

"힘들지 않아?"

"힘은 들지만 이렇게 큰 배를 조종하는 일이라고 생각하니까 신기해요. 재미도 있고."

부지런한 데다 싹싹한 한별은 단번에 선원들의 사랑을 받았다.

한별과는 반대로 지아는 선원들이 선장보다도 더 피하고 싶은 존재로 변했다. 날이 밝으면서 배의 비위생적이고 지저분한 모습이 적나라하게 드러나자 무시무시한 잔소리를 퍼부어 대기 시작한 것이다.

"거기 아저씨! 그게 옷이에요? 걸레예요? 빨래 좀 해요."

"그쪽 아저씨! 대체 언제 머리를 감은 거예요? 지금 당장 목욕부터 해요."

선원들은 공포스러운 지아의 잔소리에 변명처럼 중얼거렸다.

"하, 하지만 여긴 배 위잖아? 바닷물로는 목욕도, 빨래도 못 해."

"그러니까 지금 당장 하라고요! 더 멀리 가기 전에!"

선원들은 입술을 잔뜩 내밀고 툴툴거렸다.

"야, 꼬마! 너 밀항자야. 그런 주제에 감히 잔소리를 하는 거야?"

"흥, 밀항자라고 더러운 걸 참으라는 법이라도 있어요?"

"하지만……."

"이 꼬마 아가씨 말이 맞아. 내가 봐도 너희들은 너무 더러워. 자자, 빨리빨리 치우고 씻어."

무시무시한 선장까지 지아의 편을 드는 바람에 선원들은 내키지 않는 목욕에 빨래, 청소까지 해야만 했다. 덕분에 배는 날이 갈수록 점점 더 깨끗해졌고, 선장은 연신 싱글벙글 미소를 지었다. 하지만 선원들은 또 무슨 꼬투리를 잡을지 몰라 저승사자 보듯 지아를 슬슬 피해 다녔다.

멀미에서 벗어난 빅토리아는 왕성한 호기심을 자랑하며 한별과 함께 선원들을 졸졸 따라다녔다.

"여자가 뱃일을 배워서 뭘 하려고?"

"여자가 배우면 안 돼요? 혹시 알아요? 큰 배를 몰고 대양을 누비는 여선장이 될지."

"으하하하! 선장이 된다고? 너처럼 작은 여자애가?"

선원들은 당차고 활달한 빅토리아의 말에 너털웃음을 터뜨리면서도 파도를 보는 법이라든지 바람의 방향을 판단하는 방법, 밤에는 별을 보고 길을 찾는 요령 등을 자세히 알려 주었다.

"해마다 춘분과 추분엔 바람이 미쳐 버린다니까. 우린 그걸 인어의 노래라고도 하지. 까딱 잘못하면 배가 바다 밑바닥으로 그대로 수직 다이빙을 하거든."

공부하기 싫어하는 한별도 입심 좋은 선원들의 말은 귀에 쏙쏙 들어오는지 빅토리아와 함께 선원들 옆에 착 달라붙어 지냈다.

선원들은 그런 한별에게 애정 어린 관심을 보였다.

"그런데 너, 지아와 대체 무슨 사이냐?"

"그, 그야 당연히 사귀는 사이라고요. 척 보면 몰라요? 연인이라기엔 아직 이르지만 일단 남자친구 정도쯤?"

한별은 그렇게 말하고는 쑥스러운 듯 볼을 긁적였다.

"흠, 그렇게 안 보이는데?"

선원의 말에 빅토리아도 한마디 거들었다.

"공주와 하인? 아니면 머슴? 넌 힘쓰는 게 딱 머슴이거든."

빅토리아의 말에 선원들은 너털웃음을 터뜨렸다.

"에이, 뭐 생긴 거야 제가 좀 떨어지지만 그 정도까진 아니거든요?"

한별은 빅토리아와 선원들의 놀림에 툴툴거리며 고개를 돌려 지아를 찾았다.

지아는 사람들로부터 한 발짝 떨어진 곳에서 차가운 눈으로 바다를 응시하고 있었다. 한별은 깊이를 모를 바다만큼이나 길고 검푸른 머리를 흩날리고 있는 지아를 보며 나직이 한숨을 쉬었다. 지아는 확실히 아름다웠다. 비단 아름다울 뿐 아니라 영국의 공주인 빅토리아보다 더 고귀해 보이기까지 했다. 한별 자신보다는 오히려 갑판 한쪽에 오만하고 뻣뻣한 얼굴로 앉아 있는 앨버트와 더 잘 어울렸다.

문득 한 회장의 말이 떠올랐다.

'약혼이란 말이지.'

"기운 내. 농담이야, 농담."

한별의 안색이 갑자기 어두워지자 빅토리아는 그의 등짝을 팡팡 때렸다. 선원들도 통나무처럼 두꺼운 팔로 한별의 목을 조르며 위로했다.

"하하! 자자, 열심히 쫓아다니다 보면 지아도 언젠가 네 마음을 받아 주겠지."

"혹시 지아가 끝내 걷어차 버리면 여기 비키라도 열심히 꾀어 봐. 내가 보기엔 넌 지아보다는 이쪽이 더 잘 어울려."

그 말에 빅토리아는 재밌다는 듯 웃었고, 한별은 숨이 막혀 캑캑거리면서 속으로 투덜거렸다.
 '이 아저씨들이 진짜 뭘 모르네. 비키와 나야말로 하늘과 땅 차이네요.'

"즐거운가 보네."
 지아는 커다란 웃음소리가 나는 한별과 빅토리아, 그리고 선원들 쪽을 돌아보았다. 선원들 사이에 끼어 앉은 빅토리아는 공주라는 신분이 믿어지지 않을 정도로 소탈하고 편안한 웃음을 짓고 있었다. 그리고 그것은 밝은 한별의 미소와 무척이나 잘 어울려 보였다. 지아는 문득 자신과 있을 때보다 더욱 자연스럽고 편해 보이는 한별을 보며 짜증이 났다.
"쳇……."
 지아는 삐친 듯한 얼굴을 숨기기 위해 팩 고개를 돌렸다.
"저건……!"
 그런 지아의 눈에 시커먼 먹구름과 유난히 넘실거리는 파도가 시야에 한가득 들어왔다.
 망루에 올라간 선원이 지아 대신 고함을 질렀다.
"선장님! 어마어마한 파도가 밀려와요!"

"돛을 모두 펼쳐라!"
"하지만 선장님, 파도가 몰려오잖아요!"
"그러니까 물에 빠지기 싫으면 정신 똑바로 차려! 이제 조금만 더 가면 항구다!"

　선장과 선원들이 동분서주하는 동안 앨버트와 빅토리아, 지아, 한별은 앨버트의 선실에서 서로를 꼭 껴안고 있었다.
　"죽기 싫으면 꼭 붙어 있어!"
　선장이 우격다짐으로 선실에 네 명을 밀어 넣었을 때만 해도 어색한 표정으로 적당한 거리를 유지했던 그들이었다. 하지만 배가 몇 차례 튕겨 올랐다가 뒤집어질 듯 기울어지면서 몇 차례 바닥으로, 벽으로 나뒹굴자 그제야 서로를 밧줄처럼 꽉 부둥켜안았다.

"으아아악!"

"꺄악!"

"제길! 다시는 영국에 안 와!"

네 명은 배가 이리저리 뒤집힐 때마다 한 덩어리로 굴러다니며 비명을 질렀다.

이 와중에 빅토리아는 심상치 않은 조짐을 보이면서 앨버트를 꽉 붙잡았다.

"우웁! 다시 멀미가……."

"비키, 안 돼! 절대 그것만은……."

"우우웁!"

"으아악! 내 옷! 내 구두!"

배가 항구에 도착한 것은 한 치 앞도 보이지 않는 한밤중이었다. 선원들과 선장은 그만한 파도는 아무것도 아니라며 낄낄거렸지만 선실에 갇혀 있던 네 명은 유령처럼 파리한 얼굴색으로 비틀거리며 부두에 내려섰다. 흔들리지 않는 단단한 바닥에 발을 딛자 오히려 가벼운 현기증이 엄습했다.

"으으……. 다시는 배 타기 싫다."

빅토리아가 중얼거리자 지아가 가볍게 핀잔을 주었다.

"빅토리아, 한 번 더 타야 해."

"맞아. 돌아가야지."

앨버트는 빅토리아의 멀미를 뒤집어 쓴 옷과 구두를 한 번 내려다

보고는 진저리를 쳤다.

"으으, 냄새! 전생에 무슨 원수를 졌기에……. 하여튼 이걸로 끝이다, 끝! 다시는 안 봐!"

하지만 이런 바람과는 달리 그는 일행과 하룻밤 더 붙어 있어야 했다. 달도 보이지 않는, 그것도 비바람이 몰아치는 밤이어서 부두를 떠나는 역마차가 한 대도 없었기 때문이었다. 한 걸음도 더 걷기 귀찮을 만큼 피곤했던 앨버트는 한숨을 푹푹 내쉬며 선장과 선원들을 따라 부두에서 유일하게 문을 연 여관 계단을 올랐다.

조그만 부둣가의 작은 여관이었지만 따뜻한 물과 푹신한 침대를 보자 지아는 언제 피곤했냐는 듯 팔팔해졌다. 더구나 마음씨 좋은 여관 주인에게서 낡았지만 깨끗한 마른 옷까지 얻을 수 있었다.

"아! 이제 좀 살 것 같다."

목욕을 끝내자마자 침대 위에 몸을 던지며 지아가 중얼거렸다. 문밖에서는 커다란 종을 두드리는 듯 선원들의 요란한 웃음소리와 노랫소리가 들려왔다. 그 가운데는 한별과 빅토리아의 웃음소리도 간간이 섞여 있었다. 지아는 고개를 설레설레 저었다.

"한별이의 체력이 좋은 거야 진작 알고 있었지만, 빅토리아는 정말 의외라니까. 쟤 정말 공주 맞아?"

잠시 빅토리아를 떠올리던 지아는 이내 고개를 저었다. 피곤함에 눈꺼풀이 절로 감겨 왔던 것이다.

"하암! 모르겠다. 생각은 내일 하고 일단 자자."

끼이익.

"으음…… 비키?"

맨살을 스치는 소슬한 밤바람에 설핏 잠이 깬 지아는 문이 열리는 소리에 슬쩍 눈을 뜨며 물었다. 하지만 어둠 속에 서 있던 상대는 아무 대답이 없었다. 뭔가 이상한 느낌에 지아는 찬물을 뒤집어쓴 것처럼 단번에 잠에서 깨어났다.

"누, 누구……? 으읍!"

상대는 비명을 지르려던 지아의 입을 사정없이 틀어막았다. 그리고 나머지 한 손으로는 지아의 두 팔을 한꺼번에 비틀어 잡았다. 크고 거친 남자의 손이었다. 지아는 순간 머릿속이 하얗게 변해 버렸다.

그는 검고 짙은 머리카락으로 반 이상 얼굴이 가려진 지아의 귓가에 낮게 속삭였다.

"공주전하, 외출은 끝났습니다. 이만 돌아가실 시간입니다."

순간 지아의 얼굴에서 핏기가 싹 빠졌다. 자신이 빅토리아와 머리색뿐 아니라 키와 체형 등이 쌍둥이처럼 꼭 닮았다는 사실을 그제야 떠올린 것이다. 남자는 자신을 빅토리아라고 착각하고 있었다.

'아니에요! 내가 아니라고요!'

지아는 그에게 자신이 빅토리아가 아님을 알리려 더욱 몸부림을 쳤다. 하지만 미처 새어 나오지 못한 지아의 비명은 남자의 손가락 사이로 신음이 되어 흘러나왔다.

아무 소용없었다. 이미 밤이 깊어 모두가 잠들었기 때문에 바깥은 쥐 죽은 듯 고요하기만 했다.

"지아야, 저녁도 안 먹고……."

한별이 음식을 가득 담은 쟁반을 한 손에 받쳐 들고 지아의 방문을 연 것은 바로 그때였다. 지아가 시커먼 옷을 입은 남자에게 잡혀 있는 것을 본 그의 눈에서 불꽃이 튀었다.

"넌!"

반대로 검은 옷을 입은 남자의 눈은 당혹감으로 물들었다. 희미하지만 복도에서부터 새어 들어오는 불빛에 지아의 얼굴이 슬쩍 드러났기 때문이었다. 비슷하지만 전혀 다른 얼굴, 그가 찾던 사람이 아니었다.

"당장 그 손 놓지 못 해!"

검은 옷의 남자가 지아를 보고 당황해서 잠깐 멈칫하는 순간, 한별은 이미 그에게 덤벼들고 있었다.

부우웅!

한별의 손에 들렸던 쟁반이 허공을 가르며 남자에게 날아들었다.

퍼억! 쨍그랑!

"으으윽!"

동시에 남자가 소리를 질렀다. 쟁반에 얻어 맞은 고통도 고통이려니와 그 위에 올려놓았던 뜨거운 우유가 얼굴로 쏟아졌기 때문이었다.

지아는 남자의 손에서 힘이 빠진 틈을 타, 재빨리 그에게서 벗어났다. 그리고는 반쯤 열린 방문 쪽에 서 있는 한별에게로 달아났다.

퍼억!

지아를 놓친 남자를 향해 한별의 발이 날아들었다. 분노가 가득 담긴 발길질이었다. 한별보다 키도, 덩치도 한참이나 큰 남자였지만 그 한 방으로 허리를 꺾고 신음을 흘렸다.

"커헉!"

"감히 지아를 괴롭혀?"

한별의 분노는 쉽게 풀리지 않았다.

"이…… 생쥐 같은 녀석들이! 어디 혼 좀 나 봐라!"

몇 걸음이나 뒤로 물러서던 남자가 한순간 허리춤에 꽂아 두었던 칼을 뽑아 들었다. 달빛을 받은 칼날이 시퍼렇게 번뜩였다. 그러자 지아와 한별은 주춤 뒤로 한 걸음 물러섰다.

하지만 남자는 칼을 휘두르지 못했다. 한별의 고함과 우당탕탕 물건들이 넘어지는 소리에 놀란 뱃사람들이 잠에서 깼기 때문이었다.

"누구야? 이 밤중에…….'

"도둑이라도 든 거 아니야?"

"야! 불 좀 켜 봐!"

소란한 가운데 발소리까지 들려오자 남자는 낭패한 듯 얼굴을 찌푸리며 한별과 지아를 노려보았다.

"운 좋은 녀석들."

그는 내뱉듯 싸늘히 말하고는 몸을 돌려 그대로 창밖으로 뛰어내렸다. 이곳이 2층이라는 것을 깨달은 지아는 재빨리 창문으로 달려가 아래를 내다보았다. 하지만 걱정했던 것과 달리 남자는 유유히 어둠 속으로 달아난 뒤였다. 창문 아래 술통과 건초 들이 수북이 쌓여 있었기에 가능한 일이었다.

"깜짝 놀랐네."

그제야 한시름 놓은 듯 지아는 한숨을 내쉬었다. 한별도 긴장이 풀렸는지 제자리에서 주저앉았다. 하지만 다음 순간, 둘은 약속이라도 한 듯 비명을 지르며 벌떡 일어났다. 사라진 남자의 원래 목표가 누구였는지 떠올린 것이다.

"빅토리아!"

둘은 튕기듯 방에서 나와 옆방 문을 벌컥 열었다. 그리고는 동시에 안도의 한숨을 내쉬었다.

빅토리아의 방은 한바탕 폭풍이라도 몰아친 듯했다. 가구들은 넘어지고 도자기로 만든 물건들은 죄다 깨져 있었다. 하지만 방구석에 웅크리고 앉아 있는 빅토리아는 머리카락 하나 다친 데 없어 보였다.

빅토리아가 무사한 것은 앨버트 덕분이었다. 옆방에서 잠을 청하던 앨버트가 인기척을 듣고는 빅토리아의 방으로 달려와 한별이 그랬듯 정체 모를 사람과 싸움을 벌인 것이다. 이를 증명하려는 듯 앨버트의 손에는 길고 뾰족한 검 한 자루가 들려 있었다.

"무사했구나."

"다행이다."

지아와 한별이 놀란 가슴을 진정시키며 빅토리아에게로 달려갈 때, 앨버트는 온갖 물건들이 어지럽게 떨어진 바닥을 돌아보며 눈살을 찌푸렸다. 수많은 물건들 중 유독 반짝이는 물건 하나가 눈에 들어왔기 때문이었다.

"너, 도둑이구나?"

앨버트의 말에 서로 얼싸안고 있던 빅토리아와 지아, 한별은 무슨 소리냐는 얼굴로 돌아보았다.

"도둑이라니?"

"그럼 저건 뭐지?"

세 사람의 시선이 자연스럽게 바닥으로 쏠렸다. 그곳에는 거짓말 조금 보태서 주먹만 한 보석이 떡하니 박힌 목걸이 하나가 떨어져 있었다.

"저게 뭐야?"

비명처럼 외치며 지아가 빅토리아를 바라보았다. 한별도 황당하다는 듯 빅토리아를 빤히 쳐다보았다.

빅토리아가 변명하듯 속삭였다.

"그, 그게 밖에 나오면서 돈 한 푼 없이 나오면 불안하잖아. 여차하면 비상금으로 쓰려고 좀 큰 거 하나 들고 왔지."

"이 바보야, 이해는 간다만 저런 무지막지한 보석이 팔리겠냐?"

지아는 나지막하게 한숨을 내쉬었다.

"그, 그런가?"

빅토리아가 안절부절못하는 동안, 앨버트는 경멸 어린 표정으로 차갑게 비소했다.

"역시 도둑이었어. 보아하니 왕성이라도 털었나 본데 이대로 못 본 척 할 수는 없지."

"어, 어쩔 셈인데요?"

빅토리아가 다급히 물었다.

"그야 당연히 경찰을 불러야지. 죗값을 톡톡히 치……, 으윽!"

터엉!

증거품인 보석 목걸이를 집어 들기 위해 몸을 숙이던 앨버트가 묵직한 소음과 함께 뒤통수를 부여잡으며 바닥으로 쓰러졌다. 그런 그의 앞에는 한눈에도 무거워 보이는 꽃병을 든 빅토리아가 서 있었다.

"미안. 하지만 난 아직 잡히면 안 돼. 꼼짝없이 그 감옥으로 돌아가야 한단 말이야. 어서 묶어!"

빅토리아는 꽃병을 내던지며 다급히 말했다. 한별이 서둘러 그녀를 도왔다.

"미안. 친구를 구해준 건 고마운데 사정이 좀 급해서."

"이 녀석들……, 감히! 으읍!"

"조금만 참아. 사람들이 금방 구해 주러 올 거야."

지아는 아예 그의 입을 수건으로 단단히 틀어막았다. 그러자 빅토리아가 그 앞에 쪼그리고 앉았다. 그리고는 바닥에 떨어진 목걸이를 앨버트의 품에 넣고는 대신 그의 겉옷 안쪽에서 돈이 들어 있는 작은 주머니를 꺼냈다.

"미안. 나도 날 구해 준 사람에게 이러고 싶진 않지만 어쩌겠어? 돈이 하나도 없는걸. 하지만 너무 억울해하진 마. 이 목걸이 값은 네 주머니에 있는 돈의 열 배도 넘을 테니까. 분명히 말하지만 이거 훔친 거 아니라고."

"읍! 으으읍!"

앨버트가 눈을 부릅뜨며 버둥거렸다. 하지만 빅토리아와 지아, 한별은 조금 전 괴한들이 그랬던 것처럼 창문을 훌쩍 뛰어넘었다. 겨울 내 바싹 마른 건초가 푹신하게 그들을 받아 주었다.

뒤늦게 소란 때문에 잠이 깨 달려온 여관 주인 덕분에 앨버트는 간신히 풀려났다. 그는 재빨리 창가로 뛰어가 몸을 쑥 내밀었다. 하지만 이미 동이 트기 시작한 창밖으로 보이는 것은 평화롭고 유유자적

한 남부 유럽의 시골 마을뿐, 세 사람의 모습은 그림자도 보이지 않았다.

"으아악! 이 말괄량이 같으니! 잡히기만 해 봐라! 가만 안 둬!"

졸지에 두 눈을 뜨고 강도를 당한 앨버트의 고함이 그 평화로운 풍경 위로 울려 퍼졌다.

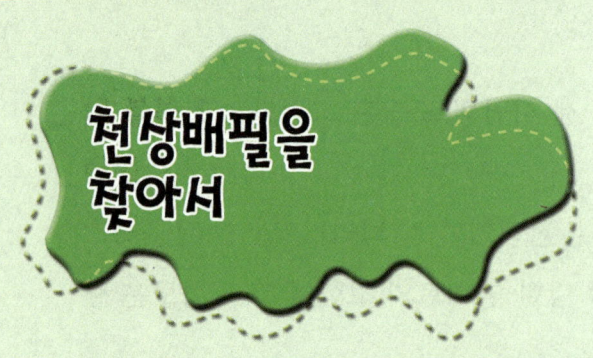

천상배필을 찾아서

역마차를 몇 번이나 갈아타며 부지런히 길을 달린 빅토리아와 지아, 한별이 꼬박 일주일 만에 도착한 곳은 프랑스 남부의 소왕국 오랑주Orange였다.

로마의 초대 황제 아우구스투스가 로마와 갈리아의 전투를 새겨 넣은, 2천년이라는 세월을 버티며 멋지게 풍화된 고대 로마식 대형 오페라 극장이 도시의 중심에 버티고 서 있고, 도심 외곽은 질 좋은 와인으로 유명한 넓은 포도밭이 펼쳐져 있는 오랑주는 작지만 아름다운 곳이었다. 낯선 일행에게 주민들은 주변 풍경만큼이나 여유로운 미소를 보여 주었다.

"와! 멋지다! 나 꼭 이런 곳에 와 보고 싶었어!"

눈이 동그래진 빅토리아는 역마차에서 내리자마자 들뜬 표정으로 말했다. 반면 지아와 한별은 팔다리를 두드리며 고개를 설레설레 저었다.

"아윽, 계속 마차만 탔더니 머리가 흔들리는 것 같아."

"나도. 등이 아파서 더 이상은 못 앉아 있겠다."

"그런데 쟨, 무슨 공주가 저렇게 체력이 좋은 거야?"

"그러게."

한별과 지아의 소곤거림을 듣지 못한 빅토리아가 씩씩하게 말했다.

"자, 그럼 이제 왕자를 찾아볼까?"

오랑주의 젊은 피터 왕자에 대한 소식은 도시 곳곳에 공공연하게 퍼져 있었다. 빅토리아 일행은 반나절의 수소문 끝에 왕자가 오늘 밤 오페라 공연을 보러 온다는 것을 알아내는 데 성공했다. 빅토리아는 부랴부랴 의상실에 들러 옷을 빌려 입고는 오페라 극장으로 달려갔다.

먼발치에서 본 피터 왕자는 제법 멋져 보였다. 큰 키에 어깨까지 내려오는 금발, 화려한 연회복 때문에 얼핏 여자보다 더 아름답게까지 보였다.

게다가 오페라 공연 또한 빅토리아가 평소에 좋아하는 청교도*였다. 취향이 비슷하다는 것을 안 빅토리아의 미소는 더욱 커졌다. 어쩌면 존 콘로이가 정말 자신에게 맞는 사람을 골랐을지도 모른다는 생각이 들 정도였다.

*청교도 - 16~17세기 영국의 개신교 개혁파를 말한다. 검소와 근면, 도덕성을 강조하며 중산층을 중심으로 형성되었다.

일행은 왕자를 좀 더 지켜보기 위해 오페라가 끝나고 열리는 파티에 숨어들기로 결정했다.

왕자는 금방 눈에 띄었다. 그는 마치 파티의 주인공인 양 파티장 한가운데서 수많은 여자들에게 둘러싸여 있었다.

"왕자님, 정말 영국의 왕이 되시는 거예요?"

"와하하하! 영국 왕이라니? 난 그저 빅토리아 공주와 결혼하려는 것뿐이야. 하긴 뭐 어리고 순진한 공주라고 하니 내가 왕 노릇을 해야겠지만."

왕자는 요란하게 웃으며 잘난 척하듯 어깨를 으쓱였다.

그의 몇 마디에 조금 전까지만 해도 설레었던 빅토리아의 마음은 산산이 부서지고 말았다. 더구나 이어지는 피터 왕자의 말은 더욱더 절망적이었다.

"사실 솔직히 말하자면 이미 결정된 거나 다름없지. 어머니가 존 콘로이 경과 모든 걸 결정지었다고 하셨으니까. 어렸을 때부터 어머니의 말만 따르면 만사형통이야."

자립심과 독립심을 가장 중요하게 생각하는 빅토리아는 그의 마마보이 기질에 진저리를 쳤다.

"두고 볼 것도 없어. 존 콘로이가 고른 녀석이 저렇지, 뭐. 가자!"

빅토리아는 더 볼 것도 없다는 듯 돌아섰다.

이때 피터 왕자의 눈에 빅토리아의 모습이 들어왔다. 그는 이채를 띠며 빅토리아에게 다가왔다.

"못 보던 숙녀분이신데 나에게 인사도 없이 떠나시려 하다니 섭섭……, 큭!"

느끼한 웃음을 흘리며 다가오는 피터의 귀를 빅토리아가 힘껏 잡아당겼다. 그리고는 가시가 선 말투로 낮게 쏘아 주었다.

"내가 누구냐고? 네가 여태까지 멍청하고 어린 계집애라고 떠들어 대던 바로 그 빅토리아 공주다, 이 멍청아!"

"비, 빅토리아……!"

조금 전까지 영국 왕이니 뭐니 떠들어 대던 피터 왕자는 그 한마디에 기절할 듯 창백해졌다. 빅토리아는 그런 피터 왕자의 정강이를 힘껏 걷어찼다.

"눈 버렸네. 으으, 짜증나!"

지아도 동의했다.

"어쩐지. 존 콘로이가 추천할 만했네. 머릿속이 텅 비었어."

한별도 고개를 끄덕였다.

"나보다 멍청한 놈은 보다보다 처음 본다."

셋은 뒤도 돌아보지 않고 파티장을 빠져나왔다. 피터 왕자는 뒤늦게 신음을 내며 외쳤다.

"비, 빅토리아 공주님! 저랑 차라도 한 잔……!"

"오랑주에 빅토리아 공주가?"

레오폴드 왕은 깜짝 놀란 얼굴로 되물었다. 보고를 하던 신하는 다시 한 번 확인하듯 고개를 끄덕였다.

"이 일로 오랑주 일대가 난리가 났다고 합니다."

"사라진 영국의 빅토리아 공주가 오랑주에 나타났다?"

레오폴드는 곰곰이 생각에 잠기며 중얼거렸다. 그와 영국의 인연은 매우 특별했다. 그의 첫 부인은 영국의 샬롯 공주였다. 그녀는 조지 왕의 유일한 혈육이었고, 샬롯이 왕위를 이으면 그는 자동으로 영국의 왕이 될 터였다. 영국의 왕실과 국민들 또한 똑똑하고 영리한 그가 영국을 통치하기를 은근히 바라는 분위기였다.

비록 가문의 부흥을 위해 한 결혼이었지만 그는 샬롯 공주를 진심으로 사랑했다. 그때까지만 해도 그는 사랑과 권력, 두 가지를 한꺼번에 얻었다고 생각했다.

하지만 완벽하게만 보이던 그의 인생은 몸이 약한 샬롯 공주의 죽음으로 모든 것이 끝나고 말았다. 그 후 영국의 왕위는 엉뚱하게도 조지 4세의 동생인 윌리엄 4세에게 넘어갔고, 영국행이 좌절된 레오폴드는 사촌들과의 치열한 경쟁 끝에 가까스로 벨기에의 왕이 되었다. 그리고 피나는 노력으로 약소국 벨기에를 유럽의 강국으로 발돋움시켰다.

그리고 세월이 흘러 다시 그에게 예전과 똑같은 상황이 온 것이다.

"그 옛날과 똑같아. 단지 샬롯에서 빅토리아로, 나에서 너로 바뀌었다 뿐이지."

레오폴드는 막 여행에서 돌아온 앨버트를 힐끗 바라보며 말했다.

"영국에서도 만나지 못했어요, 삼촌. 이 넓은 유럽에서 얼굴도 모르는 계집애를 어떻게 찾아요?"

옷도 갈아입지 않고 바로 이곳으로 달려온 앨버트는 피곤한 얼굴로 말했다. 가진 돈을 빅토리아에게 몽땅 빼앗기는 바람에 싸구려 짐마차로 돌아온 터라 그의 온몸은 막대기로 두들겨 맞은 것 같았다.

하지만 레오폴드는 여전히 냉정했다.

"투정 부리지 마라. 코브르크-고타의 일원인 이상 넌 가문을 위해 희생할 의무가 있어. 그리고 우리 벨기에가 유럽의 강자로 우뚝 서기 위해서는 영국의 지지가 반드시 필요해."

"그건 알고 있어요. 하지만 전 그 사고뭉치 공주의 얼굴도 모른다고요."

레오폴드는 기다렸다는 듯 그에게 작고 둥근 펜던트 하나를 던졌다.

"여기에 빅토리아 공주의 초상화가 들어 있다. 작년 윌리엄 왕의 생일 때 그린 것이니 그 얼굴 그대로일 거다. 옷도 누구보다 화려할 테니 틀림없이 눈에 띌 거다."

앨버트는 철두철미한 레오폴드에게 고개를 내저으며 펜던트를 열었다. 목걸이, 귀걸이 등 갖가지 보석으로 꾸민 검은 머리의 소녀가 그 안에서 그를 노려보듯 바라보고 있었다. 차갑고 무뚝뚝한 인상이었다.

순간 앨버트는 고개를 갸웃거렸다. 무뚝뚝한 빅토리아 공주의 표정 위로 언제나 웃고 있던 왈가닥 비키의 얼굴이 겹쳐 보였기 때문이었다.

하지만 이내 피식 웃고 말았다.

'하긴 검은 머리에 얼굴이 하얀 여자애가 한둘이겠어? 비키랑 같이 다니던 그 동양 여자애도 검은 머리에 제법 하얀 얼굴이었잖아.'

앨버트는 재빨리 고개를 흔들고는 펜던트를 닫아 버렸다.

"알았어요. 그럼 내일 아침에……."

"당장 가! 다른 녀석이 찾아내기 전에!"

레오폴드가 고함을 쳤다. 앨버트는 땅이 꺼져라 한숨을 쉬었다.

"알았습니다, 전하. 명령대로 합죠. 옷만 갈아입고 당장 출발하겠습니다."

앨버트가 툴툴거리며 마차에 오를 무렵, 오랑주를 벗어난 일행은 파리에 도착해 있었다. 베르사유 궁전을 배경으로 센느 강이 흐르고, 도심 곳곳에 세워진 고급스러운 건물들과 한껏 차려입은 멋쟁이들이 가득한 파리는 과연 예술의 도시답게 보는 사람들의 가슴을 절로 설레게 하는 마력을 품고 있는 듯 매혹적이고 화려했다.

하지만 지아와 한별은 지긋지긋하다는 얼굴로 자신들이 막 내린 역마차를 바라보았다.

"엉덩이 아파."

"난 멀미난다. 이건 사람이 할 짓이 아니야."

마지막으로 마차에서 내리는 빅토리아의 얼굴도 썩 좋지는 않았다. 하지만 베르사유 궁전을 발견한 그녀는 특유의 쾌활한 미소를 되찾았다.

"파리하면 낭만과 로맨스 아니겠어? 이번에야말로 진짜 내 짝을 찾을 거야."

"한눈에 사랑에 빠질 미남에, 똑똑한 데다가 네 왕관을 탐내지 않도록 야망 없는?"

지아의 말에 한별은 회의적인 듯 고개를 저었다.

"하아, 그런 녀석이 과연 있으려나?"

빅토리아는 입술을 삐죽였다.

"어이, 너희들! 꼭 그렇게 초를 칠래?"

"누가 초를 쳐? 우린 그냥 사실이 그렇다는 걸 다시 한 번 상기시켜 준 것뿐이라고!"

"그게 그거라고!"

"오! 그러니까 너도 그게 거의 불가능하다는 건 인정하는구나?"

"한별이 너까지!"

티격태격하는 사이 일행은 베르사유 궁전 앞에 도착했다.

빅토리아가 이곳에서 만날 사람은 프랑스 혁명에 참여하여 '시민왕'이라는 애칭을 가지고 있는 루이 필립스 왕의 아들 프랑수와 왕자였다. 소문에 의하면 그는 무척 아름다운 소년으로, 치열한 권력 다툼을 벌이는 다른 왕자들과 달리 시와 철학을 좋아하는 수재라고 했다. 몸이 약한 것이 좀 흠이지만 그것만 제외하면 빅토리아가 찾는 신랑감에 딱 맞는 인물이었다.

"이 녀석들! 여기가 감히 어디라고 기웃거려?"

"썩 돌아가지 못해?"

일행이 한창 정문의 창살 사이로 베르사유 궁전을 살필 때였다. 그들을 발견한 경비병들이 헐레벌떡 뛰어오며 고함을 쳤다.

빅토리아가 손을 내저으며 말했다.

"아, 저희는 수상한 사람들이 아니에요."

"그럼 왜 궁전 안을 기웃거려?"

경비병 중 한 사람이 깐깐하게 따져 물었다. 또 다른 경비병은 손을 휘휘 저으며 말했다.

"촌에서 궁전을 보려고 온 구경꾼인 모양인데 다치기 싫으면 썩 물러나. 여기가 어디라고 감히……."

그의 무시하는 말투에 발끈한 빅토리아는 어깨에 잔뜩 힘을 주고 말했다.

"흥! 구경꾼이라니요? 전 프랑수와 왕자를 만나러 왔다고요."

그녀의 말에 두 경비병은 눈을 동그랗게 떴다.

"엥? 와, 왕자님을?"

깜짝 놀라는 그들의 반응에 빅토리아는 만족하며 빙긋 웃었다. 그리고 큰 비밀이라도 털어놓듯 속삭였다.

"사실 제가 영국의 공주거든요. 빅토리아 공주."

빅토리아의 말에 경비병들은 입을 쩍 벌렸다. 그리고 다음 순간 웃음을 터뜨렸다.

"푸하하하! 네가 공주라고? 그것도 영국의?"

"크큭! 네가 공주면 나는 프랑스 황제겠다."

"아이고 배야! 거울이나 좀 보고 그런 소리를 해라."

빅토리아는 발끈하려다 말고 고개를 돌려 지아와 한별을 바라보았다. 오랜 여행으로 뽀얗게 먼지가 쌓인 머리와 허름한 옷차림, 진흙이 묻은 구두까지. 확인하지는 못했지만 자신 역시 저런 모습일 게 뻔했다. 누가 보더라도 공주라고는 도저히 믿어줄 수가 없는 차림새였다.

빅토리아는 한숨을 푹 내쉬었지만 여기서 그냥 돌아설 수는 없었다.

"하지만 정말이라니까요. 전 꼭 프랑수와 왕자를 만나야 해요."

빅토리아의 말에 경비병들은 웃음을 그치고는 화를 냈다.

"떽! 이 녀석들! 왕자님이 무슨 네 친구인 줄 알아?"

"감옥에 집어넣기 전에 썩 꺼져!"

경비병들은 호통을 치며 총대로 셋의 등을 떠밀었다.

"으악! 안 돼요! 우리가 얼마나 힘들게 여기까지 왔는데요. 난 꼭 저 안에 들어가 봐야 한다고요."

"저 지긋지긋한 마차는 더 타기 싫단 말이에요."

일행은 필사적으로 궁전의 정문에 매달리며 외쳤다.

"무슨 일이냐?"

누군가의 목소리가 들린 것은 바로 그 순간이었다. 한창 실랑이를 하고 있던 경비원들과 일행은 소리가 난 쪽으로 고개를 돌렸다. 그곳에는 불타는 것 같은 붉은 머리카락에 얼굴 가득 주근깨가 있는 소년이 서 있었다.

"헉! 루, 루이 왕자님!"

기세등등하던 경비병들은 소년을 발견한 순간 바닥에 코가 닿을 듯 허리를 숙였다.

"루이 왕자?"

반대로 일행은 호기심 가득한 얼굴로 루이를 바라보았다. 특히 왕자라는 말에 빅토리아가 비상한 관심을 보였다.

"무슨 일인데 이렇게 소란을 떠는 거야?"

루이는 모든 사람들의 시선이 자신에게 쏠리자 의기양양하게 어깨를 으쓱이며 말했다. 경비병들은 잔뜩 얼어붙은 채 사정을 설명했다.

잠자코 이야기를 듣던 루이는 경비병의 말이 끝나자 빅토리아를 힐끔 돌아보았다. 빅토리아는 여전히 반짝이는 눈으로 자신을 뚫어져라 바라보고 있었다. 루이는 가볍게 홋, 하고 웃으며 말했다.

"나 참, 척 보니까 딱 촌뜨기인데 공주는 무슨! 궁전 구경을 하고 싶으면 그렇다고 할 것이지 하필이면 그런 황당한 거짓말을 하냐?"

빅토리아는 그의 노골적인 비웃음에 발끈해 외쳤다.

"뭐, 뭐야? 그러는 넌 뭔데?"

"이 몸으로 말하자면 샤를 루이 나폴레옹 보나파르트 님이시다. 프랑수와의 사촌형이지."

으스대며 자신을 소개하는 루이의 말에 깜짝 놀란 것은 빅토리아가 아니라 한별이었다. 그는 지아의 옆구리를 슬쩍 찌르며 나직이 물었다.

"들었어? 쟤가 나폴레옹이래. 그런데 생각보다 키가 크네?"

지아는 한숨을 쉬며 말했다.

"이 바보야. 지금이 몇 년인데 아직도 나폴레옹 황제가 살아 있니? 쟨 그의 친척쯤 될 거야."

지아는 그렇게 면박을 준 뒤 곰곰이 기억을 뒤지다가 깜짝 놀라고 말았다. 후일 프랑스 마지막 황제인 나폴레옹 3세가 되는 것이 바로 저 주근깨 가득한 소년이었기 때문이었다. 동시에 지아의 머릿속에는 또 다른 한 가지 사실이 떠올랐다.

빅토리아는 아직도 루이와 신경전 중이었다.

"네가 루이든 루팡이든 관심 없거든? 내가 만나야 할 사람은 프랑수와라고."

"왕자의 이름은 너 같은 촌뜨기가 함부로 불러도 되는 게 아니야."

루이의 비웃음 섞인 시선에 빅토리아는 다시 한 번 발끈하려 했다. 하지만 그전에 지아가 재빨리 그녀의 손을 잡으며 끼어들었다.

"그건 우리가 잘못했어요. 잘 몰라서 그런 거니 용서해 주세요."

지아의 공손한 말에 빅토리아는 물론이고 한별까지 눈을 동그랗게 떴다. 반대로 루이와 경비병들은 진즉 그렇게 나올 것이지, 하는 얼굴로 고개를 끄덕였다.

지아는 빙긋 웃으며 빅토리아의 팔을 당겼다. 마치 이대로 물러나려는 듯했다.

"비키, 궁전 구경은 틀린 것 같으니까 돌아가자."

"하지만……."

"게다가 우린 벌써 영국의 궁전을 봤잖아. 이제 동양으로 건너가자. 동양의 신비한 건축물을 보면 유럽 건물들이 다 거기서 거기라는 걸 느끼게 될 걸?"

"엥? 하지만 우린 건물 구경을 하러온 게……."

지아는 의아해하는 빅토리아와 한별의 등을 한 번 더 떠밀었다.

"잠깐!"

그때였다. 루이가 커다란 목소리로 셋을 불러 세웠다. 지아는 씩 웃은 뒤 일부러 시큰둥한 얼굴로 돌아섰다.

"왜요?"

"그게 무슨 소리야? 영국 궁전을 봤으니까 여긴 안 봐도 된다니?"

"이를테면 그렇다는 거죠. 게다가 궁전은 프랑스에만 있는 게 아니죠. 이탈리아도, 프라하도 아름답기로 유명한 곳이 많으니까 다른 곳을 구경할래요. 실제로 볼 수도 없고요."

지아는 그렇게 말하고는 정말로 관심 없다는 듯 뒤돌아섰다. 그런 지아의 등 뒤에서 루이의 커다란 고함이 들렸다.

"거기 서!"

화가 난 루이는 멈춰 선 지아의 등을 향해 씩씩거리며 외쳤다.

"영국 궁전이 궁전이냐? 그건 베르사유의 복제품일 뿐이라고! 좋아, 예술이 뭔지도 모르는 무식한 너희들을 위해 내가 특별히 궁전을 구경시켜 주마! 따라와!"

루이의 닦달에 경비병들은 난처한 얼굴로 궁전 문을 열었다.

끼이익!

육중한 철문이 열리는 소리에 지아의 얼굴엔 동시에 웃음이 번졌다.

"우와, 지아 너 대체 어떻게 한 거야?"

루이를 따라 성문 안으로 들어서며 빅토리아는 감탄한 듯 속삭였다.

"루이 저 녀석, 프랑스 문화에 대한 자부심이 대단하거든. 그걸 조금 이용한 것뿐이야."

지아는 별것 아니라는 듯 어깨를 으쓱였다.

"잘 봐. 이게 바로 위대한 프랑스의 예술이야. 타국에서는 흉내 낼 수도 없을 정도로 훌륭하지. 모두들 영국의 정원을 알아주지만 그건 우리 베르사유 궁전을 못 봐서 하는 말이야."

지아의 말처럼 한 발짝 앞에서 걷는 루이의 입에서는 끊임없이 프랑스의 문화와 예술을 찬양하는 말이 쏟아져 나왔다.

끝이 보이지 않을 정도로 넓게 펼쳐진 낮은 관목의 미로와 그 사이사이에 놓인 웅장하고 아름다운 분수, 세계 곳곳의 이름난 꽃들을 모아 놓은 거대한 꽃밭, 그리고 그 뒤로 우뚝 서 있는 베르사유 궁전은 볼 때마다 감탄을 자아내는 프랑스의 대표적인 자랑거리였다. 그는 한껏 콧대를 높게 세우며 뒤를 힐끔 돌아보았다.

'어때? 끝내주지? 이런 거 처음 봤을 거다.'

하지만 루이의 기대와는 달리 지아의 얼굴은 시종일관 시큰둥하기만 했다. 심지어는 가끔 얼굴을 찌푸리며 불쾌한 표정을 짓기도 했다. 사방에서 풍겨 오는 오물 냄새 때문이었다.

하지만 그런 영문을 모르는 루이는 지아가 감탄하는 모습을 꼭 보고야 말겠다고 다짐하며 소리쳤다.

"자자! 정원은 이쯤이면 됐으니 이번에는 궁전 안을 보여 주지."

"하지만 왕자님, 그건 좀……. 궁전 안에 신분도 모를 아이들을 들여놨다가 혹시 무슨 사고라도 나면 폐하께서 싫어하실 겁니다."

"에잇! 저것들이 감히 프랑스의 위대한 예술혼을 못 알아보잖아."

루이는 말리는 경비병을 무시하고는 일행을 끌고 궁전 안으로 성큼성큼 들어갔다.

"오호! 웬일이래? 일이 술술 풀리네."

지아는 그런 루이를 보며 피식 웃었다.

확실히 베르사유 궁은 루이가 자랑하고 싶어 안달이 날 정도로 아름다웠다. 다만 한 가지, 지아가 얼굴을 찌푸린 것은 곳곳에서 풍겨 오는 지독한 냄새 때문이었다. 화장실이 없던 시대였으므로 당연한 일이었다. 하지만 그 때문에 루이가 궁전 내부까지 안내를 자청했으니 결론적으로 잘된 일이었다.

지아는 빅토리아에게 환하게 웃어 주며 한쪽 눈을 찡긋해 보였다. 궁전 안에 들어가면 그만큼 프랑수와 왕자를 만날 가능성도 커지기 때문이었다.

신이 난 두 소녀와는 반대로 한별은 입술을 내밀며 툴툴거렸다.

'루이 저 녀석, 뭐야? 아까부터 지아를 힐끔거리면서 실실 웃기나 하고. 지아, 쟤도 그래. 왜 갑자기 저 녀석에게 웃어 주는 거냐고! 쳇!'

루이는 궁전 안에 들어온 뒤에도 거울의 방이며 태양왕 루이 14세의 침실, 마리 앙투아네트의 보석들이 전시된 방 등 평소 일반인에게 공개되지 않는 방들만 골라 가며 일행에게 보여 주었다. 그 화려함에 지아와 한별은 물론 공주인 빅토리아도 감탄을 터뜨렸다.

"에헴! 우리 프랑스의 예술이 이 정도야."

루이는 이 모든 것이 자신의 것이라도 되는 양 어깨를 으쓱였다. 그의 시선이 향하는 쪽은 이번에도 지아였다.

"저 녀석이 진짜! 왜 자꾸 지아를 쳐다보는 거야?"

한별은 입술을 질끈 깨물며 발끈했다. 하지만 한별의 타는 속을 알 리 없는 지아는 루이의 시선을 깨닫고는 진심으로 감탄했다는 듯 환하게 미소 지었다.

"잘 봤어요. 아까 내가 했던 말 취소할게요."

"우하하! 그럼 그렇지. 자자, 어디 또 보고 싶은 데 있으면 말만 해."

루이는 지아의 칭찬에 얼굴을 붉히며 헤벌쭉 웃었다. 지아는 더욱

더 친근한 표정으로 말했다.

"그런데 서재는 없나요? 프랑스는 예술뿐 아니라 학문과 철학도 꽤 유명하다던데."

"우하하하! 너 정말 뭘 좀 아는구나. 철학하면 또 프랑스지. 안 그래도 다음에 보여 주려던 곳이 바로 서재였어."

루이는 씩씩하게 앞서 걷기 시작했다.

"야, 너 왜 그래?"

루이가 조금 멀어지자 한별이 화난 얼굴로 말했다.

"내가 뭐?"

"몰라서 물어? 저 녀석한테 왜 자꾸 웃어 주냐고? 너 설마……."

"설마 뭐? 이렇게 해서라도 프랑수와 왕자를 만나야 할 거 아니야? 듣자니까 프랑수와 왕자는 밥 먹을 때 빼고는 서재에서 살다시피 한다는데 지금 아니면 언제 만나겠어?"

지아의 말에 그제야 빅토리아는 지금까지의 지아의 행동을 이해한 듯 고개를 끄덕였다.

"하지만 그래도 마음에 안 들어."

한별은 여전히 툴툴거렸다.

다른 곳들과 마찬가지로 서재도 훌륭했다. 햇빛이 들이치는 커다란 창을 제외하고는 천장부터 바닥까지 책이 빼곡히 꽂힌 책장에서는 은은한 나무 향이 풍겨 났고, 책장 사이사이에 걸린 액자 속에는 프랑스 곳곳의 절경들과 역사가 화려하고 강렬한 색채로 담겨 있었다.

서재의 한가운데 놓인 크고 푹신한 의자들 중 한 곳에 어깨까지 길

게 늘어뜨린 검은 단발머리에 갓 구워 낸 도자기처럼 말간 피부의 아름다운 소년이 앉아 있었다. 그가 바로 프랑수와 왕자였다.

루이와 낯선 방문객들을 발견한 그의 놀란 눈동자 역시 투명한 호수를 떠올리는 아름다운 초록빛이었다.

"우와, 쟤 남자, 아니 사람 맞아? 완전 마네킹이잖아?"

한별은 아름다운 그를 보며 눈을 동그랗게 떴다. 어느새 빅토리아의 입가에도 슬쩍 미소가 그려졌다.

"어머! 책이 정말 많네요. 저건 어떤 책이죠?"

빅토리아의 표정이 환해지자 지아는 과장된 감탄사를 터뜨리며 루이의 팔을 잡아끌었다. 루이는 지아의 예상치 못한 반응에 얼굴을 슬쩍 붉히면서 못 이기는 척 서재 안팎을 안내해 주었다.

그렇게 지아가 루이의 시선을 잡아끌 동안 빅토리아는 슬쩍 프랑수와에게 다가갔다.

"안녕하세요?"

"아, 네."

프랑수와는 낯선 사람의 등장에 바싹 언 듯 간신히 고개만 까딱했다. 빅토리아는 그런 프랑수와의 옆자리에 냉큼 앉았다.

"난 빅토리아예요. 들어 본 적이 있는지 모르겠지만 영국의 공주죠. 들어 보신 적은 있죠?"

프랑수와는 이번에도 다소곳이 고개만 끄덕였다.

"그런데 무슨 책을 읽고 있어요?"

"그, 그게……."

"왕권에는 관심이 없고 책만 읽는다는 게 사실인가요?"

"그건, 그러니까……."

"영국엔 가 보셨어요?"

"아, 아뇨. 아직……."

프랑수와는 빅토리아가 뭔가 질문을 할 때마다 흠칫흠칫 놀라며 뒤로 슬금슬금 엉덩이를 뺐다. 그런 그의 얼굴은 창백하다 못해 하얗게 얼음이 내려앉은 것처럼 보였다.

"아니 왜 자꾸만 뒤로 가세요? 내가 무서워요?"

참다못한 빅토리아가 인상을 버럭 쓰며 물었다. 그 서슬에 가뜩이나 의자 끄트머리에 몰려 있던 프랑수와가 화들짝 놀라며 바닥으로 떨어졌다. 그는 울먹이는 얼굴로 말했다.

"무, 무섭단 말이에요. 저한테 왜 이러세요?"

빅토리아는 그의 소심함에 질린 듯 한숨을 내쉬었다.

빅토리아가 프랑수와 왕자와 한참 이야기를 나누는 동안 한별의 시선은 루이와 지아에게 고정되어 있었다. 지아는 뭐가 그리 재미있는지 루이가 한마디 할 때마다 까르르하며 웃음을 터뜨렸다. 잠시 그 모습을 지켜보던 한별은 더 이상 참지 못하고 홱 몸을 돌려 서재 밖으로 나갔다.

"에잇!"

복도로 나간 한별은 화풀이라도 하려는 듯 커다란 화분을 발로 확 걷어찼다.

와장창!

화분은 요란한 소리와 함께 넘어졌고 산산이 부서졌다. 화 때문에 힘 조절을 못 한 게 화근이었다. 그는 누가 뭐래도 축구부 주장이었던 것이다.

"흐어업!"

한별은 다급히 비명을 삼켰다. 하지만 사태는 거기서 끝나지 않았다. 화분이 쓰러지며 바로 옆에 세워져 있던 조각상을 건드린 것이다. 고대 그리스의 유물인 조각상은 옆으로 기울어지며 바로 옆의 청동 갑옷을, 청동 갑옷은 또다시 어른 키만 한 청색의 도자기 화병을 도미노처럼 넘어뜨렸다.

와장창! 콰창!

다양하고 경쾌한 소리가 베르사유 궁의 복도에 울려 퍼졌다. 동시에 빅토리아와 지아, 루이와 프랑수와가 일제히 달려 나왔다.

지아는 폭풍이 몰아친 듯 엉망이 된 복도와 그 한가운데 돌처럼 굳어진 한별을 보며 땅이 꺼져라 한숨을 내쉬었다.

"으이구, 자랑이다. 가진 건 힘밖에 없다는 걸 꼭 이렇게 광고까지 해야겠어?"

"미안. 나도 이렇게 될 줄 몰랐다고."

지아의 구박에 한별이 우물쭈물하며 말했다.

"으악! 그 화분은 청나라 사신이 보내온! 저, 저건 이집트 유물!"

그때 루이의 절규가 들렸다. 한별과 지아, 그리고 빅토리아의 눈빛이 한순간 엉켜들었다.

"이제 어쩌지?"

"뭘 어째? 당연히……."

"잽싸게 튀어야지."

빅토리아의 말과 동시에 셋은 베르사유 궁의 복도를 내달렸다.

"야! 야! 너희들, 거기 안 서?"

등 뒤에서 숨넘어갈 듯한 프랑수와의 신음과 다급한 루이의 외침이 들렸다.

"달려!"

"으으……. 이게 무슨 짓이람."

"차라리 잘 됐어. 저 프랑수와 녀석은 절대 아니야. 한 시간도 안 돼서 숨 막혀 죽을 뻔했다고."

셋은 미로처럼 얽힌 베르사유의 복도를 정신없이 달렸다.

"으아악!"

"잡아!"

복도를 오가던 시녀와 시종, 음식 접시를 들고 지나던 요리사가 세 명의 일행을 피해 비켜서며 비명을 질렀다.

빅토리아와 지아의 뒤에서 달리던 한별은 뒤쫓아 오는 루이의 얼굴을 힐끔 확인하고는 씩 웃었다. 그리고는 복도에 널린 물건들을 마구 집어 던지기 시작했다.

"이거나 받아라!"

"으악! 그, 그건 인도 황제가 보낸 상아 코끼리! 안 돼!"

"으아악! 저건 태양왕 루이 14세의 황금 마스크! 잡아! 안 되면 몸으로라도 받아! 놓치면 다 죽을 줄 알아!"

루이와 경비병들은 일행의 뒤를 쫓으랴 한별이 마구 던지는 물건들을 받아 먼지까지 털어 다시 제자리로 돌려놓으랴 바빴다. 그 덕에 일행은 루이보다 한발 먼저 궁전 밖으로 빠져나올 수 있었다. 거리로 뛰어나온 셋은 재빨리 가장 가까운 골목으로 뛰어들었다.

그제야 달리는 것을 멈춘 지아가 한별을 째려보았다.

"헉헉……! 이게 다 너 때문이야!"

"미안하다고 했잖아."

"미안하다면 다야? 빅토리아는 어쩌고? 프랑수와 왕자랑……."

"헉헉! 아니야. 차라리 잘 됐어. 프랑수와 왕자와는 절대 결혼 안 할 거니까. 무슨 사내자식이 그렇게 겁이 많아? 차라리 루이가 훨씬 낫더라."

빅토리아가 허리도 못 편 채 손을 휘휘 내저었다.

"잡아라!"

그때였다. 요란한 고함과 함께 족히 백 명쯤은 되는 병사들을 이끌고 루이가 거리로 뛰어나오는 것이 보였다. 땀으로 범벅이 된 루이는 사방을 살펴보며 외쳤다.

"골목을 뒤져! 하나도 빼놓지 말고 쥐 새끼 한 마리 빠져나가지 못하도록 철저히!"

병사들은 그의 명령에 절도 있게 검을 빼들고는 골목을 수색하기 시작했다.

"어쩌지?"

지아와 한별의 얼굴이 약속한 듯 동시에 굳어졌다.

"저거!"

그때 빅토리아가 손을 들어 한 곳을 가리키며 외쳤다. 빅토리아의 손짓에 따라 고개를 돌리니 느릿한 속도로 마차 한 대가 다가오고 있었다. 뒤에는 시시각각 검을 든 병사들이 쫓아오고 있는 상황, 선택의 여지가 없었다. 세 명은 누가 먼저랄 것도 없이 마차로 달렸다.

"다, 당신은?"

다짜고짜 마차 문을 열어젖힌 빅토리아의 입에서 비명 같은 경악성이 흘러나왔다. 지아와 한별도 깜짝 놀란 듯 눈을 동그랗게 떴다.

하지만 가장 놀란 사람은 마차 안에 있던 앨버트였다.

"너희들은? 잘 만났다, 이 강도들……!"

그가 한마디를 채 끝내기 전이었다. 빅토리아와 한별, 지아가 재빨리 마차 안으로 뛰어들며 각각 외쳤다.

"말은 나중에! 지금 급하다고요!"

"이야, 우리 무슨 인연인가 봐. 이렇게 또 만나니까 무지하게 반갑네."

"번번이 미안하고 또 고마워요."

앨버트는 셋의 엉뚱한 행동에 당황한 듯 눈을 부라렸다가 이내 마차 밖에서 들리는 병사들의 외침을 듣고는 와락 인상을 썼다.

"또 너희들이냐? 이번에는 대체 무슨 짓을 저지른 거야? 내려……읍!"

빅토리아가 그런 앨버트의 입을 다급히 막으며 빙긋 웃었다.

"제발 이번 한 번만 더 도와줘요! 진짜 딱 한 번만!"

앨버트는 한참을 달려서 거칠어진 호흡, 땀범벅이 된 빅토리아의 얼굴을 어이가 없다는 듯 빤히 바라보다가 고개를 설레설레 저었다.

"이게 뭐하는 짓인지 모르겠네. 그렇지 않아도 얼굴도 모르는 공주를 찾느라 골치가 아파 죽겠는데……."

말은 그렇게 하면서도 앨버트는 마부에게 출발하라는 신호를 보냈다.

"고마워요."

빅토리아가 하얗게 웃었다. 앨버트는 멋쩍은 듯 고개를 돌렸다.

"우, 웃지 마."

"어디에도 없습니다."
"그럴 리가 없어! 분명히 골목으로 숨어드는 걸 내가 봤다니까!"
루이는 병사들의 보고에 화를 냈다. 벌써 어둑어둑해졌는데 아직도 세 일당의 그림자조차 찾지 못한 것이다.
"다시 찾아! 샅샅이! 개미 한 마리 빠져나가지 못하도록 이 잡듯 뒤져! 감히 베르사유를 엉망으로 만든 녀석들이란 말이다."
루이의 고함에 병사들은 고개를 깊이 숙이고는 다시 흩어졌다. 그렇게 혼자가 된 루이의 뒤로 누군가가 다가섰다.
"혹시 이 사람을 본 적이 있나?"
씩씩대던 루이는 갑자기 들려온 목소리에 화들짝 놀라 뒤돌아섰다. 큰 키에 검은 망토, 반들거리는 실크 모자를 눌러쓴 남자가 바로 자신의 등 뒤에 서 있었다.
"감히 왕자에게 반말을……."
"본 적이 있냐고 물었다."
남자는 루이의 말을 끊으며 재차 물었다. 얼음처럼 차가운 눈빛이 모자 그림자 아래로 번뜩였다. 하지만 그의 얼굴 중 단연 눈에 띄는 것은 이마부터 눈가를 따라 턱까지 이어지는 큰 흉터였다. 난생처음 보는 섬뜩한 흉터 자국에 루이는 화를 내는 것도 잊은 채 그의 손을 바라보았다. 검은 머리를 단정히 틀어 올린 소녀의 초상화가 거기 있었다.

루이는 고개를 끄덕였다.

"당연하죠. 방금 전에 이곳을 엉망으로 만든 범인이 바로 얘라고요."
"어디로 갔지?"
"그걸 나도 모르겠다니까요. 잡히기만 하면 그냥……!"
루이가 이를 빠득 깨물었다. 그러자 칼자국이 있는 남자가 조금 전보다 더욱 스산하게 눈을 빛내며 루이의 옷깃을 와락 틀어쥐었다.
"말조심해. 그리고 병사들은 철수시키도록 해. 이 분의 머리카락 한 올 다치기라도 하면 프랑스는 전쟁을 각오해야 할 테니까."
남자의 목소리는 결코 크지 않았다. 하지만 낮게 울리는 그의 목소리는 숨죽인 맹수의 울음소리처럼 들렸다. 루이의 온몸이 공포로 굳어졌다.
남자가 돌아서자 루이는 간신히 용기를 짜내 물었다.
"그런데 얘가 대체 누구죠?"
"이미 들었을 텐데?"
그 말에 잠시 고개를 갸웃거리던 루이가 다급히 숨을 들이쉬었다.
"헉! 그럼 걔, 아니 그 분이 정말 빅토리아 공주?"

"우와! 저기가 바로 그 유명한 몽마르트 언덕이란 말이지?"
마차가 멈춘 곳은 야트막한 언덕 앞이었다. 해 질 녘 붉은 노을빛 속에 한여름의 반딧불처럼 가로등이 점점이 불을 밝히고 있었다. 완만하게 위로 꺾인 길 양쪽을 가득 메운 카페테리아와 하늘하늘한 레이스 양산을 받쳐 든 귀부인들, 어디에서 가져온 것인지 모를 신기하고 매력적인 물건들을 진열한 상점들. 해가 진 뒤에야 볼 수 있는 파리의 밤이 이곳부터 시작되는 듯했다.

마차 창문을 통해 밖을 내다보는 빅토리아의 입에서 감탄사가 흘러나왔다.

감탄하기는 지아도 마찬가지였다. 눈이 아프도록 밝은 전기가 아닌, 마치 안개가 낀 것처럼 희뿌연 가로등 불빛 아래 펼쳐진 중세 파리의 거리는 그곳을 채우고 있는 다양한 사람들로 인해 더욱 매력적으로 보였다.

하지만 한별은 그 아름다움에 취할 정신이 없었다. 조금 전 베르사유 궁에서 지아가 루이에게 보여 준 미소가 계속 신경이 쓰였기 때문이었다. 게다가 지금도 평소와는 다르게 멍한 얼굴로 웃는 것이 마치 짝사랑에 빠진 소녀 같아 보였다. 한별은 조금 날이 선 목소리로 툴툴거렸다.

"루이 그 녀석이 마음에 들면 다시 돌아가지 그래?"

"뭐? 너 대체 무슨 소리야?"

"너 아까부터 좀 이상하다고. 아무리 빅토리아를 위한 일이라고 해도 처음 보는 애의 손을 덥석 잡은 것도 수상해."

"뭐야? 기껏 도와줬더니 한다는 말이 그게 다야? 게다가 너랑 내가 사귀는 것도 아닌데 내가 루이랑 사이가 좋든 말든 웬 참견이야? 별꼴이야!"

모처럼 멋진 풍경에 취해 있던 지아의 얼굴이 다시 싸늘해졌다.

옆에서 그 모습을 지켜보던 앨버트가 더 이상 참지 못하겠다는 듯 외쳤다.

"이것들이 보자 보자 하니까……. 다 내려!"

앨버트는 소리치는 것에 그치지 않고 직접 마차 밖으로 뛰어내려

불청객들을 끌어내렸다.
 한별과 지아에 이어 굴러 떨어지듯 바닥으로 내려선 빅토리아가 치맛단을 툭툭 털며 쏘아붙였다.
 "윽! 레이디에게 이게 무슨 짓이에요?"
 "레이디는 무슨? 너희들은 어디까지나 강도라고. 신고 안 하는 것만으로도 고맙게 알아. 그리고 제발 부탁인데 다신 마주치지 말자. 너희 아니라도 나 지금 무지 골치 아파."
 "무슨 고민 있어요?"
 빅토리아는 눈을 동그랗게 뜨고 물었다.
 "말도 마라. 얼굴도 모르는 어떤 공주를 찾아야……."
 자신을 빤히 바라보는 강아지처럼 커다란 빅토리아의 눈동자에 홀린 듯 자신도 모르게 입을 열었던 앨버트가 고개를 흔들며 재빨리 돌아섰다.
 "내가 미쳤나. 아무튼 그런 게 있어. 그러니 제발 좀 가라, 가."
 하지만 돌아서려는 그는 채 한 발짝도 떼지 못했다. 흥분한 빅토리아가 그의 옷자락을 움켜쥐었던 것이다.
 "저기요! 저쪽에 초상화를 그리는 화가들이 있어요."
 앨버트는 힐끔 빅토리아가 가리키는 곳을 바라보았다. 노을 진 하늘을 배경으로 이젤을 펼친 화가 몇 명이 보였다. 몽마르트 언덕에서 흔히 볼 수 있는 화가들이었다.
 시큰둥한 목소리로 앨버트가 말했다.
 "그래서 어쩌라고?"
 "우리도 한 장 그려요."

"누, 누구 맘대로? 나 바쁘다는 거 안 들었어?"

"나 이거 꼭 해 보고 싶었단 말이에요."

"그럼 혼자 그리면 되잖아?"

"그건 싫어요. 혼자서 바보같이 앉아 있어야 하는 초상화는 이제 질렸다고요."

빅토리아는 싫다고 버둥거리는 앨버트를 질질 끌고 가 끝내 화가의 앞에 앉혔다. 그리고는 그의 옆에 나란히 붙어 앉았다.

둥근 모자를 삐딱하게 눌러쓴 화가는 그런 둘을 보며 빙긋 웃었다.

"하하! 연인이구만."

"여, 연인은 누가……."

"연인이 아니라 원수죠."

그의 말에 앨버트와 빅토리아가 동시에 말했다. 화가는 다 이해한다는 듯 피식피식 웃었다.

"그래, 그래. 연애할 때는 원수네 뭐네 하면서 싸우기도 하고 그러는 거지, 뭐."

앨버트는 또다시 인상을 버럭 썼다. 하지만 소맷자락을 꽉 잡고 있는 빅토리아의 손을 털어 내지는 않았다. 자신을 바라보는 빅토리아의 눈빛이 묘하게 진지했기 때문이었다. 마치 이 순간이 아니면 다시는 이런 기회가 오지 않는다는 듯이.

앨버트는 헛기침을 했다.

"아, 아무튼 빨리 그리기나 하쇼."

화가는 그럴 줄 알았다는 듯 고개를 끄덕이며 빅토리아와 앨버트를 향해 좀 더 붙어 앉으라, 고개를 돌려라, 팔을 어깨에 둘러라 하는 까다로운 주문을 퍼부었다. 앨버트는 오만 인상을 다 쓰면서도 싫다는 말 한 번 없이 착실하게 그의 지시를 따랐다.

"어이, 어린 연인들! 그쪽도 한 장 그리지 그래? 파리는 처음인 듯한데 이런 기회를 날리면 평생 후회한다고."

그때였다. 파이프를 문 화가가 뚱하게 서 있던 한별과 지아를 손짓해 불렀다.

"에? 저희요?"

이리저리 고개를 돌리던 한별이 손가락으로 자신을 가리키며 되물었다. 화가가 고개를 끄덕였다.

"보아하니 너희도 싸운 것 같은데 이럴 때 화해하는 거야. 남는 건 그림밖에 없다니까."

"아니 저희들은 연인도 아니고……."

한별이 손을 내저으려 할 때였다. 뜻밖에 지아가 한별의 팔을 잡아당겼다.

"저 화가 말이 맞아. 우리가 언제 19세기 파리에 또 와 보겠어? 그리자."

"응? 그, 그럼 그럴까?"

한별은 순순히 지아를 따라 화가에게 다가갔다. 화가는 그럴 줄 알았다는 듯 둘을 번갈아 보며 웃었다.

"이런, 가까이서 보니 정말 멀리서 온 손님들이시군. 좋아! 오랜만에 실력 발휘 좀 해야겠는데?"

화가의 앞에는 좁은 의자 하나가 놓여 있었다. 지아와 한별은 잠시 난감한 듯 서로를 바라보다가 동시에 입을 열었다.

"네가 앉아."

"네가 앉아. 난 바닥에 앉아도 돼."

지아의 입가에 살포시 웃음이 내려앉았다.

"우리 둘 다 서 있을게요."

화가는 시원하게 고개를 끄덕였다.

"그래? 그럼 이쪽으로 서. 그쪽이 배경이 좋거든."

둘은 화가가 가리킨 쪽으로 옮겨 섰다.

"어허! 젊은 사람들이 왜 이렇게 뻣뻣해? 자자, 팔짱을 끼든 손을 잡든 아무튼 좀 다정하게 굴어 봐."

"그냥 그리기나 해요."

"쯧쯧, 요즘 애들은 낭만이 없다니까. 우리 땐 키스는 기본이고……."

"거 참! 아저씨!"

화가의 말에 쑥스러운 듯 얼굴을 붉힌 지아와 한별이 동시에 낮게 외쳤다.

분주히 움직이는 화가의 붓놀림을 보다가 앨버트는 문득 자신이 무척 편안하다는 걸 깨달았다. 주변은 사람들로 북적거렸음에도 결코 번잡하거나 소란스럽게 느껴지지 않았다. 오히려 그런 적당한 소음이 날이 선 그의 신경을 무디게 해 주었다. 요 며칠 동안 그를 괴롭히던 빅토리아 공주에 대한 문제도 잠시 잊을 수 있었다. 그는 이런 여유를 만들어 준 비키를 힐끗 돌아보았다.

뽀얀 비키의 얼굴은 붉은 노을을 받아 사과 빛으로 물들어 있었다. 앨버트는 여느 귀족 아가씨들과는 달리 생기 있는 비키가 무척 아름

답다고 느꼈다. 그런 그의 손이 무심코 헝클어진 그녀의 머리카락에 닿았다.

빅토리아가 그의 손길을 느낀 듯 고개를 돌렸다. 그리고는 씽긋 웃었다. 그를 다시 만난 기쁨이 그 웃음에 녹아 있었다.

순간 앨버트의 얼굴이 벌겋게 물들었다. 다행히도 오늘의 노을은 지독할 정도로 붉어 달아오른 그의 뺨을 숨겨 주었다. 가까스로 위기를 모면한 앨버트는 괜한 헛기침을 하며 벌떡 일어섰다.

"무슨 그림을 그렇게 오래 그려요? 바빠 죽겠는데."

"어어! 움직이면 안 된다니까."

화가가 나무라듯 외쳤지만 앨버트는 다시 앉는 대신 잰걸음으로 마차 쪽으로 걷기 시작했다. 그리고 마차에 올라타며 빅토리아를 향해 외쳤다.

"너희들, 다시는 내 앞에 불쑥 끼어들지 좀 마! 다시 만나면 그땐 정말 경찰서 앞에다 버릴 테니까!"

앨버트의 마차가 떠나고, 남겨진 빅토리아와 맞은편에 있던 한별과 지아는 조금 황당하기도 하고 어이가 없어 입을 쩍 벌렸다.

"뭐 저런 녀석이 다 있어? 고작 납치 두 번 당했다고⋯⋯. 음, 생각해 보니 삐칠 만하긴 하네."

"흥! 그래도 그렇지. 이제 친해졌는데 매정하게 그냥 가냐?"

"가라, 가! 가다가 확 발병이나 나 버려라."

하지만 세 명에게도 그림이 완성되길 기다릴 시간은 없었다. 언덕 아래에서 삐익 하며 호각 소리가 나는가 싶더니 우르르 사람들이 달려오고 있었기 때문이었다. 눈에 힘을 주고 바라보니 그 선두에서 열심히 달리고 있는 것은 루이와 프랑수와였다. 그 둘의 뒤를 한껏 멋을 낸 귀족 청년들이 따르고 있었다.

화들짝 놀라 길을 비키는 사람들의 얼굴에는 의아함이 가득했다.

"무슨 일이래? 파리 시내에 귀족이란 귀족들은 몽땅 모인 것 같네?"

화가들도 붓을 놓고 고개를 갸웃거렸다. 이때 셋은 그 틈을 타 서로에게 눈짓을 했다.

"뛰어!"

상황을 살핀 세 명은 몽마르트의 복잡한 골목으로 뛰어들었다.

"공주니~~임! 어디 계십니까?"

이어 두 명의 화가 옆을 루이와 귀족들이 요란한 고함을 지르며 스쳐 지나갔다.

"이게 무슨……, 헉!"

한바탕 소란이 가라앉자, 빅토리아와 앨버트를 그리던 화가가 손바닥을 펼쳐 보고는 깜짝 놀라고 말았다. 커다랗고 투명한 루비 반지 하나가 얌전히 놓여 있던 것이다. 한눈에 보더라도 그림 값으로 받기에는 과분한 물건이었다.

"으악! 이 사기꾼 녀석들! 잡히기만 해 봐라. 가만 안 둘 테다!"

한편, 지아와 한별을 그리던 화가는 한별에게 받은 무언가를 바닥에 패대기치며 분노의 고함을 질러 댔다. 바닥에 던진 것도 모자라 잘근잘근 밟아 대는 그것은 한참 학교에서 유행 중인 카드교환 게임에서 쓰는 희귀 카드였다.

"아까워. 그거 모으려고 두 달 용돈 다 바쳤는데."

골목을 내달리면서도 한별은 아쉬운 듯 연신 뒤를 힐끔거렸다.
"뭘 줬는데?"
지아는 자못 궁금한 듯 물었다. 하지만 한별의 대답을 듣고는 깊이, 아주 깊이 한숨을 내쉬었다.

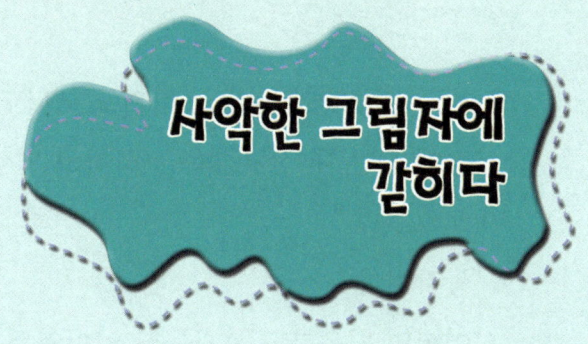

사악한 그림자에 갇히다

천신만고 끝에 파리 시내를 빠져나온 일행은 가장 빨리 떠나는 역마차에 재빨리 올랐다. 파리를 떠난 역마차가 향한 곳은 한 폭의 그림 같은 도시 취리히였다. 왕가의 여름궁전이 즐비하게 늘어선 도시답게 취리히 시내에는 많은 왕족과 귀족들이 모여 살고 있었다. 하지만 그들은 약속이라도 한 듯 귀족 특유의 허영과 자만심으로 똘똘 뭉쳐 있었다. 빅토리아의 눈에 그런 자들이 들어올 리 없었다. 잠시 취리히에 머물렀던 일행은 로잔을 지나 이탈리아로, 다시 프러시아를 거쳐 독일로 향했다.

여행 도중 빅토리아는 많은 사람들을 만나고, 또 그만큼 실망했다. 어떤 귀족은 터무니없이 비굴했고, 또 어떤 사람은 지나치게 사치스러웠다. 일부 어떤 자들은 이미 결혼하여 자식들까지 줄줄이 낳았으면서도 배짱 좋게 청혼을 하기도 했다.
"맘에 드는 내 신랑감은 고사하고 멀쩡한 왕자가 한 명이라도 있는지 모르겠다."
"동감이야."
"어쩌면 처음부터 불가능한 일이었는지도 모르지."
 몸도, 마음도 지친 상태로 독일에 도착한 일행은 무거운 몸을 이끌고 낡은 여관에 들어갔다. 이미 밤이 깊은 시간이었다. 영국을 떠날 때는 봄인가 싶었는데 이미 계절은 장미의 계절인 여름으로 접어들고 있었다. 하지만 여전히 밤공기는 가을날의 그것처럼 싸늘했다.
 침대에 들자마자 셋은 약속이라도 한 듯 이불을 푹 눌러쓰고 깊은 잠에 빠졌다.

 빅토리아가 새벽녘에 눈을 뜬 것은 피곤이 풀려서가 아니라 배가 고파서였다. 그녀는 잠든 지아가 깨지 않도록 까치발을 들고 방을 나섰다.
 방 안과 마찬가지로 복도는 어둠에 잠겨 있었다. 빅토리아는 벽을 짚어 가며 조심스레 한 걸음 한 걸음 발을 옮겼다. 발밑에서 오래된 나무 바닥이 나직한 비명을 질렀다.
 어렵사리 계단을 더듬어 내려왔지만 1층에는 아무도 없었다. 조금 아까까지 투덜거리며 열쇠를 내주던 주인도, 졸린 눈을 부비며 방으로 안내해 주던 종업원도 보이지 않았다. 다른 손님들도 아무도 없는 듯 여관 안은 기이하게 적막했다. 금방이라도 꺼질 듯한 등불만이 손바닥만 한 공간을 밝히고 있었다.

"흠, 그렇단 말이지?"

하지만 빅토리아는 겁에 질리거나 실망하는 대신 씩 웃으며 눈을 빛냈다. 그리고는 냉큼 등불을 집어 들고는 식당을 찾아 헤매기 시작했다.

"한 번쯤 꼭 이런 식당에서 직접 요리를 해 보고 싶었단 말이야."

마침내 찾아낸 식당은 어지럽게 쌓여 있는 나무통들과 식자재, 제대로 닦지 않아 얼룩이 진 화덕, 그을음이 군데군데 묻은 커다란 조리대까지 작은 여관답게 좁고 지저분했다. 하지만 빅토리아는 만족스러운 듯 등불을 벽에 걸며 미소를 지었다.

"내가 생각했던 딱 그대로야. 자, 이제 실력 발휘를 좀 해 볼까나?"

빅토리아는 실실 웃으며 화덕에 불을 붙였다. 그리고 딱 5분 뒤, 다급한 빅토리아의 비명이 여관을 뒤흔들었다.

"끄악! 부, 불이야! 불!"

"불?"

지아와 한별은 그 비명에 동시에 튕기듯 일어났다. 복도로 나오니 정말 시커먼 연기가 어디서부터인가 뭉게뭉게 피어오르고 있었다. 둘은 구르듯 계단을 내려가 연기가 시작된 식당으로 달려갔다.

식당은 시커먼 연기로 가득했다. 그리고 그 가운데 까만 검댕을 얼굴 가득 묻힌 빅토리아가 울상이 되어 서 있었다.

"얘, 얘들아……."

"으악! 내가 미쳐! 너 계속 사고 칠래? 공주고 뭐고 그냥 확!"

"한별이 너, 지금 그게 중요한 게 아니잖아. 일단 불부터 꺼야지. 물! 물 가져와!"

다행히도 식당 안에는 커다란 물통이 놓여 있었다. 세 명은 그릇이란 그릇은 모조리 동원한 끝에 간신히 불을 껐다.

불길이 잡히자 지아가 빅토리아를 휙 돌아보았다.

"너 진짜……, 진짜……."

화를 내려던 지아의 얼굴이 웃음을 참느라 울상이 되어 버렸다. 한별과 빅토리아도 마찬가지였다. 셋의 얼굴은 그을음으로 얼룩덜룩했고 옷은 물벼락을 맞은 듯 흠뻑 젖어 있었다. 마치 물에 빠진 생쥐들 같았다.

"푸하하하! 너 완전 폭탄 맞은 것 같아."

"그러는 너는? 넌 더 심하거든?"

"내가 보기엔 너희 둘 다 똑같아. 거울 좀 봐라."

셋은 서로를 놀려 대며 아랫배를 움켜쥐고 웃어 댔다. 그들의 웃음은 누군가의 뱃속에서 요란한 천둥소리가 나는 바람에 간신히 잦아들었다.

"아우, 배고파. 먹을 것도 없고."

"그나마 남아 있던 것도 빅토리아 덕에 홀랑 다 타 버렸지."

지아의 비난에 잠시 시무룩하게 고개를 숙였던 빅토리아가 문득 고개를 치켜들었다. 어디선가 희미하게 문소리가 났기 때문이었다.

"들었어?"

"응. 누가 돌아왔나 봐."

"주방장이었으면 좋겠는데. 진짜 배고프다고."

"주방장이 식당 꼴을 보면 우린 그 자리에서 죽을 거다."

셋은 키득거리며 식당 입구 쪽으로 돌아섰다. 그리고는 그대로 굳어 버렸다.

삐걱대는 식당 문을 열고 들어선 것은 예전에 만났던 검은 옷의 남자였다. 예전과는 다르게 등불이 켜져 있어서 일행은 남자의 얼굴을 확인할 수 있었다. 눈빛과 입매도 싸늘했지만 이마에서 턱까지 수직으로 떨어지는 칼자국 때문에 그는 더욱 난폭하고 음흉하게 보였다. 그가 삭막하게 웃어 보였다.

"또 만났군."

남자는 혼자가 아니었다. 그의 뒤로 부하인 듯 보이는 서너 명의 사내들이 식당 안으로 들어섰다. 가뜩이나 넓지 않은 식당은 이제 비좁게 느껴졌다.

"당신 대체 누구야?"

한별은 지아와 빅토리아를 등 뒤로 숨긴 채 칼자국이 있는 남자를 노려보았다.

"집 나간 철부지를 찾아다니는 좋은 어른이지."

그는 고개를 돌려 빅토리아를 돌아보았다.

그와 시선이 마주친 빅토리아는 마치 뱀이 팔뚝을 타고 기어오르는 듯한 느낌에 진저리를 쳤다.

"난 당신 같은 사람 몰라."

빅토리아의 말에 남자는 또다시 메마른 웃음을 지었다.

"모르시는 게 당연하죠. 전 그림자니까요."

칼자국이 있는 남자는 말을 끝내며 한 발짝 앞으로 다가왔다. 그러자 그의 뒤에 서 있던 부하들 역시 일제히 그를 따라 움직였다.

"오지 마!"

한별은 버럭 고함을 치며 손을 뻗었다. 그런 그의 손에 타다 남은 나무 막대기가 잡혔다. 요리할 때 쓰는 막대기에는 밀가루가 묻어 있었는데 제법 길고 단단했다.

부웅!

한별은 있는 힘을 다해 그것을 휘둘렀다. 제법 날카로운 소리가 식당 안을 울렸다. 칼자국이 있는 남자의 안색이 묘하게 굳어졌다.

"이런……. 어린 애를 상대로 이렇게까지 하고 싶진 않았는데."

하지만 그것도 잠깐, 남자는 히죽 웃으며 허리에 매어 둔 칼을 뽑아 들었다.

차앙!

잘 갈아진 칼날은 등불에서 흐릿하게 흔들리는 빛을 반사하며 시퍼렇게 번뜩였다.

"잡아라!"

동시에 그가 한별에게 달려들었다. 한별은 이에 대항하여 민첩하게 막대기를 휘둘렀다. 하지만 상대는 강했고, 그의 칼은 믿을 수 없이 날카로웠다. 그가 한 번 칼을 휘두를 때마다 한별의 손에 들린 나무 막대기는 한 뼘씩 잘려 나갔다. 그리고 마침내 맥없이 물러서던 한별의 등이 차가운 벽에 닿자 남자는 비릿한 웃음을 지으며 한별의 어깨에 지그시 칼을 꽂아 넣었다.

"으아아아악!"

고통에 찬 한별의 비명이 식당 안을 뒤흔들었다.

"한별아!"

지아는 그런 한별의 이름을 절규하듯 불렀다. 빅토리아도 한별의 앞을 막아서며 소리쳤다.

"그만! 그만둬! 내가 갈게! 간다고! 그러니까 이제 그만……."

미칠 것 같이 외치는 빅토리아의 눈에서는 눈물이 흘러내리고 있었다. 한별의 부상도, 지아의 아픔도 다 자신이 멋대로 벌인 일 때문이라는 자책 때문이었다.

"진즉 그렇게 나오셨어야죠."

남자는 의기양양한 표정으로 부하들에게 신호를 보냈다. 그러자 그들 중 한 명이 빅토리아의 팔을, 또 다른 한 명은 지아의 팔을 뒤로 비틀어 잡았다.

"지아는 왜 잡는 거야? 놔줘!"

빅토리아가 소리쳤다.

남자는 기분 나쁜 웃음을 지으며 말했다.

"저도 그러고 싶답니다. 하지만 공주님께서 워낙 특이하셔서 인질 겸 볼모가 필요할 것 같네요. 그러니 친구의 목숨이 아까우시다면 얌전히 동행하시죠."

히죽 웃는 바람에 남자의 얼굴에 있는 칼자국이 꿈틀거렸다. 빅토리아는 이를 악물었다.

"이 나쁜 놈들! 당장 지아를 놔!"

그때였다. 바닥에 쓰러져 있던 한별이 벌떡 일어나며 남자에게 덤벼들었다.

퍼억!

"으윽……. 이 녀석이!"

생각지도 못한 공격을 받은 남자는 잔뜩 얼굴이 일그러지며 반사적으로 칼을 휘둘렀다.

"끄으윽!"

동시에 한별의 입에서 피가 끓는 듯한 신음성이 흘러나왔다. 그의 옆구리에는 조금 아까까지 남자의 손에 들려 있던 칼이 깊숙이 박혀 있었다. 칼날이 꽂힌 곳에서부터 엄청난 양의 피가 쏟아져 나왔다.

"아…… 안 돼! 한별아! 강한별!"

지아는 눈을 부릅뜨며 어떻게든 한별에게 가려고 몸부림을 쳤다. 빅토리아 역시 고함을 질러 댔다.

소란이 커지자 참다못한 남자가 둘의 뒷덜미를 힘껏 내려쳤다. 그렇게 정신을 잃은 둘을 남자의 부하들은 마치 짐짝처럼 어깨에 둘러 멨다.

"가자."

남자는 힐끗 바닥에 쓰러진 한별을 바라본 뒤 돌아섰다. 당장 죽지는 않았지만 결국 살아나지는 못할 것이다. 입맛이 쓰긴 했지만 어깨를 한 번 으쓱인 것으로 찝찝함을 털어 낸 그는 부하들의 뒤를 따라 식당을 빠져나갔다.

"안 돼……."

그 순간, 자신이 흘린 피 웅덩이에 쓰러져 있던 한별이 미약한 신음을 흘리며 어깨를 들썩였다. 흐릿한 그의 시선에 보이는 것은 오직 하나, 누군가의 어깨에 걸쳐져 멀어지는 지아뿐이었다.

"거기 서……, 이 나쁜 놈아."

금방이라도 쓰러질 듯 휘청거리면서도 한별은 끝내 몸을 세웠다. 그리고는 한 발 한 발 걸음을 내딛었다. 그의 발이 디디는 곳, 그의

손이 짚는 벽마다 선명한 붉은 선이 그려졌다.

하지만 그렇게 죽을힘을 다해 뒤따라간 한별이 볼 수 있는 것은 그저 출발하는 마차의 뒷모습뿐이었다.

"거기 서란 말이야."

모기 소리보다도 더 작은 목소리를 마지막으로, 한별은 차가운 돌바닥에 쓰러졌다. 그렇게 쓰러진 그의 등 뒤로 빗물이 한 방울 툭 떨어졌다. 차갑지 않은 여름비였다.

한 방울씩 떨어지던 빗방울은 점점 굵어졌다. 순식간에 한별의 몸을 흠뻑 적시고도 남은 빗줄기가 돌길을 타고 아래로, 아래로 흘러넘쳤다. 빗물에 섞여 붉은 피도 함께 흘러내렸다.

그렇게 얼마나 시간이 지났을까. 딸각딸각 규칙적인 말발굽 소리와 함께 누군가의 다급한 손길이 한별의 어깨를 흔들었다.

"한별! 정신 차려!"

"이 악당들! 살인자들! 꺼내 줘!"

지아는 마차의 문을 걷어차며 악을 썼다. 마차는 마치 감옥처럼 창문 하나 없이 사방이 막혀 있었다.

고래고래 소리를 지르던 지아는 목소리가 나오지 않을 정도로 지치자 바닥에 털썩 주저앉았다. 그런 지아의 눈앞에 떠오르는 것은 붉은 피를 뿌리며 쓰러지는 한별의 모습뿐이었다.

"흑흑……! 한별아. 너 살아 있는 거지? 그렇지?"

눈물이 주체할 수 없을 정도로 흘러내렸다.

알고 있었다. 한별이 자신을 좋아한다는 것도, 언제든 자신을 위해 몸을 던질 거라는 것도. 하지만 알고 있는 것과 직접 보는 것은 달랐다. 그가 눈앞에서 쓰러지는 순간 지아는 머릿속이 하얗게 변했다. 아니, 그가 흘리는 붉은 핏빛처럼 새빨갛게 물들었다. 마치 시간이 정지된 듯 쓰러지는 순간에도 구해 주지 못해 미안하다는 눈빛으로 자신을 바라보는 한별의 모습 말고는 아무것도 기억나지 않았다.

"흐으윽……!"

앙다문 지아의 입에서 또다시 울음이 터졌다. 코앞도 보이지 않는 좁고 캄캄한 마차 안에서 지아는 덫에 걸린 작은 동물처럼 울고 또 울었다.

"열어! 열란 말이야!"

함께 갇힌 빅토리아는 지치지도 않는지 끊임없이 악을 써 댔다. 하지만 시간이 흐르자 결국 지쳤는지 지아의 옆에 웅크리고 앉았다.

마차 문이 열린 것은 그로부터 한참이나 시간이 지난 뒤였다. 밤낮으로 달리던 마차가 멈추더니 끼익하는 귀에 거슬리는 소음과 함께 빛이 들이닥쳤다. 며칠이나 어두운 곳에 갇혀 있던 지아와 빅토리아는 반사적으로 손으로 얼굴을 가리며 두 눈을 질끈 감았다. 어둠을 간신히 밀어낼 정도의 흐릿한 등잔불이었지만 오랜 시간 갇혀 있던 둘에게는 마치 대낮의 태양처럼 강렬하게 느껴졌다.

그런 둘을 누군가가 거칠게 끌어당겼다.

"쯧쯧……. 꼴이 말이 아니군요."

인형처럼 바닥으로 끌어내려진 빅토리아의 귓가에 누군가의 혀 차는 소리가 들렸다. 그것은 결코 낯선 목소리가 아니었다. 빅토리아는 눈이 부셨지만 이를 악물고 눈을 떴다. 그리고는 정면을 노려보았다. 아무도 살지 않는 듯 불빛 하나 없는 차가운 저택을 등진 채 존 콘로이가 서 있었다.

"존 콘로이, 당신이 감히!"

빅토리아는 분노해 외쳤다. 지아도 뒤늦게 그를 발견하고는 울분에 찬 고함을 질렀다.

"이 뻔뻔한 살인자! 한별이를 살려 내! 다시 돌려 달란 말이야!"

하지만 존 콘로이는 둘의 외침은 들은 체도 하지 않고 싸늘한 눈빛으로 그을음과 눈물로 엉망이 된 빅토리아를 바라보며 고개를 저었다.

"쯧쯧. 일국의, 더구나 대영제국의 공주가 그 꼴이 뭡니까? 다른 사람이 보기 전에 씻는 편이 좋겠군요."

그의 말이 끝남과 동시에 두 사람을 여기까지 끌고 온 남자가 빅토리아가 아닌 지아의 팔을 비틀어 잡았다.

"놔! 놔아…… 읍!"

빅토리아는 남자가 지아의 입까지 틀어막은 채 어디론가 끌고 가자 존 콘로이를 노려보았다.

"내가 영국에 가기만 하면 되는 거잖아. 당장 지아를 놔 줘!"

존 콘로이는 얄미울 정도로 차분하게 말했다.

"흥분하지 마십시오. 공주님이 온 유럽을 들쑤시고 다니며 영국 왕실의 품위를 떨어뜨리게 된 게 다 저 이상한 시녀를 들인 뒤 아닙니까? 그런 이유로 제가 공주님의 보호자로서 저 애를 격리하기로 결정했습니다."

"보호자? 당신이 왜 내 보호자야? 난 아무의 보호도 필요 없어."

빅토리아는 적개심으로 충혈된 눈동자로 그를 노려보았다.

존 콘로이는 고개를 저으며 한숨을 내쉬었다. 그리고는 차갑게 속삭였다.

"쯧쯧, 어리광 좀 피우지 마."

존 콘로이의 반말에 빅토리아는 멈칫했다.

"뭐?"

"넌 아직 혼자 설 수 없는 꼬맹이일 뿐이야. 내가 널 그렇게 키웠으니까."

"그렇지 않아!"

"사실이든 아니든 그건 중요한 게 아니지. 다른 사람들이 그렇게 믿는다는 게 중요한 거야. 이번 일만 하더라도 멍청하도록 순진한 네가 질 나쁜 시녀의 꼬임에 빠져 집을 나간 걸로 소문을 내 뒀지. 물론 그 질 나쁜 시녀는 조금 전 그 여자애고, 그 애는 왕실의 품격을 떨어뜨린 죄로 사형에 처해질 테지."

"그런……."

빅토리아는 피가 나도록 입술을 깨물었다. 스스로의 인생을 개척하고자 감행한 가출이었다. 그런데 오히려 친구들의 생명을 빼앗는 꼴이 되고 말았다.

"그리고 또 하나, 넌 지금 즉시 나를 비서관으로 임명한다는 서류와 25세가 될 때까지 날 섭정 대리인으로 삼는다는 서류에 서명해야만 해. 이번 사건으로 넌 아직 미숙하고 어수룩하다는 걸 네 스스로 증명한 셈이 되었으니까. 이미 공작부인의 동의서는 받아 놨다."

그가 바라는 것은 분명했다. 섭정왕의 자리. 빅토리아의 눈에서 불꽃이 일었다.

"절대 안 해. 죽으면 죽었지 네 손에 영국을 넘겨줄 수는 없어."

"공주님이 싫다는데야 뭐, 마음대로 해."

존 콘로이는 피식 웃으며 어깨를 으쓱거렸다. 하지만 이어지는 그의 말은 그 미소와는 어울리지 않는 살벌한 것이었다.

"네 눈앞에서 그 아이가 죽음보다 더한 고통을 받는데도 그렇게 말할 수 있어?"

"이 비열한 인간! 도대체 지아에게 뭘 어쩔 셈이야?"

"무슨 짓을 할지는 너에게 달렸지. 일단 좀 씻고 옷도 갈아입도록 해. 더 이상 불결하고 더러운 꼴은 도저히 못 봐주겠군."

존 콘로이는 정말로 지독한 냄새라도 맡은 양 코를 틀어쥐며 인상을 찡그렸다.

빅토리아는 거울에 비친, 화려한 드레스에 그와 어울리는 보석 목걸이를 걸고 있는 자신을 노려보았다. 자신이 원한 것이 아니었다. 옷을 갈아입지 않으면 사람을 시켜서라도 갈아입힐 것이라는 존 콘로이의 위협 때문이었다. 물론 그가 말한 사람들이란 칼자국이 있는 남자와 그의 부하들이었다.

거울을 보고 있자니 켄싱턴 궁으로 돌아온 것 같은 기분이었다. 하지만 이곳은 켄싱턴 궁이 아니었다. 그랬다면 자신이 이렇게 갇혀 있지는 않을 테니까.

"지아는 어떻게 하고 있을까?"

지아에게까지 생각이 이르자 빅토리아는 존 콘로이의 비열함과 자신의 무력감에 분노하며 신경질적으로 목걸이를 풀어내 거울에 던져 버렸다.

쩡!

묵직한 보석 목걸이에 맞은 거울이 반으로 갈라졌다.

지아가 끌려온 곳은 지금껏 타고 있던 마차와 별반 차이가 없는 장소였다. 차가운 돌바닥, 창문 하나 없는 석벽, 그리고 철문이 달린 음습하고 컴컴한 그곳은 지하 감옥이었다.

온기 한 점 없는 그곳에서 지아는 무릎을 잔뜩 당긴 채 웅크려 앉았다. 몸이 춥기도 했지만 마음속은 그보다 더 추웠다.

빛 하나 없는 컴컴한 어둠 속에서 지아는 소리도 내지 못한 채 숨죽여 울며 한별의 이름을 불렀다.

"한별아……."

같은 시간, 한별은 끔찍한 고통에 몸부림치고 있었다. 출혈이 너무 심해 창백한 온몸은 사시나무 떨듯 했고, 식은땀으로 베개와 이불이 축축하게 젖어 들었다.

"끄으으……."

"정신 똑바로 차려! 눈을 떠! 이대로 포기하면 죽는단 말이야!"

누군가 그런 한별에게 고함을 질렀다.

'누구……?'

익숙하지 않지만 그렇다고 전혀 낯선 목소리도 아니었다. 한별은 온몸을 쥐어짜는 듯한 고통 속에서도 힘겹게 눈을 떠 보았다. 그러자 초점이 흐려진 그의 눈에 긴장한 듯 굳어진 누군가의 얼굴이 들어왔다.

"당신이 어떻게 여기에……."

그 말을 끝으로 한별은 기절해 버렸다.

"끄으……."

한별이 다시 정신을 차린 것은 그로부터 꼬박 이틀 뒤였다. 눈을 뜨자마자 밀려드는 고통에 한별은 저도 모르게 신음을 냈다.

"그냥 누워 있어. 어깨도 다쳤지만 옆구리 쪽의 상처가 꽤 깊어."

누군가 그런 한별의 어깨를 힘주어 눌렀다. 한별은 고개를 들어 그를 올려다보았다.

"앨버트……."

한별은 기절하기 직전 자신에게 말을 건 사람 역시 앨버트였다는 사실을 떠올렸다.

"휴우, 하여튼 끝까지 귀찮게 하는 녀석들이라니까. 다행히 심장은 비켜 갔지만 까딱 잘못했으면 과다출혈로 죽을 뻔했다고."

"그, 그랬군."

"다쳤으면 병원에 갈 일이지 왜 길바닥에 엎어져 있던 거야? 내가 얼마나 놀란 줄 알아?"

앨버트는 한시름 놓았다는 듯 안도의 한숨을 내쉬며 침대 곁에 놓인 의자에 털썩 앉았다.

"고마워."

한별은 자신의 피로 축축하게 젖은 그의 윗옷을 보며 말했다. 앨버트는 귀찮아 죽겠다는 얼굴로 말했다.

"하여튼 신경 쓰이는 녀석들이라니까. 그런데 다른 두 명은 어디 있어? 여관엔 없던데."

그의 말에 한별은 그제야 지아와 빅토리아가 납치되었다는 사실을 떠올렸다.

"아……! 끄윽!"

다급히 일어나려던 한별은 이내 숨넘어가는 신음을 내며 다시 침대에 쓰러졌다. 움켜쥔 옆구리가 축축한 것이 상처가 벌어진 듯했다.

앨버트는 오만상을 찌푸리며 재빨리 그의 어깨를 내리눌렀다.

"이 멍청이가 진짜! 여태 말했잖아. 죽을 뻔했다고. 간신히 구해 놨더니 뭐하는 짓이야?"

하지만 한별은 거칠게 그의 손을 치며 소리쳤다.

"지아가 어떤 놈들에게 끌려갔단 말이야!"

그 말에 앨버트가 잠시 멈칫했다. 항상 이상할 정도로 밝게 웃기만 하던 비키의 얼굴이 떠올랐던 것이다.

"지아가? 그럼…… 비키는?"

"그야 당연히 함께 끌려갔지."

한별은 끙, 소리를 내며 침대 밖으로 발을 내디뎠다. 하지만 한 발짝도 걷지 못하고 그 자리에서 나뒹굴고 말았다. 앨버트가 그런 그를 다시 침대에 던져 버렸다.

"그렇다고 이렇게 대책 없이 덤비면 어쩌자는 거야? 자살이라도 할 셈이야?"

그의 신랄한 말에 한별은 베개를 두드리며 신음을 삼켰다. 그의 말이 맞았다. 그리고 이곳에서 자신을 도와줄 사람이라곤 아무리 기억을 뒤지고 뒤져도 앨버트 하나뿐이었다.

"도와줘. 제발……."

앨버트는 바닥이 꺼져라 한숨을 내쉬며 마른손으로 얼굴을 비벼댔다. 그리고는 나직한 목소리로 물었다.

"그 전에 궁금한 게 하나 있어. 대체 너희들, 정체가 뭐야? 무슨 좀도둑들이 유럽 전체를 누비고 다녀? 게다가 납치까지 당하고?"

한별은 입술을 질끈 깨물었다.

"그건 말 못 해. 밝혀도 비키 스스로 밝혀야 해."

"뭐야?"

"우리가 누군지가 중요한 게 아니잖아. 지금 중요한 건 비키와 지아가 위험에 처했다는 거야."

앨버트는 한별의 눈을 가만히 바라보았다. 절대로 말하지 않겠다는 의지와 절박함이 그 눈에 뒤섞여 있었다.

"졌다, 졌어. 그럼 네가 말해도 되는 것, 그리고 그때 본 것만 먼저 말해 봐."

한별은 필사적으로 기억을 뒤졌다. 하지만 남자의 이름도, 정체도 모르는 그가 생각할 수 있는 건 많지 않았다. 그래도 간신히 기억나는 게 하나 있었다. 완전히 정신을 잃기 전, 떠나는 마차를 바라보는 그의 시야에 검은 마차 위에 금박으로 그려졌던 하나의 그림이 흐릿하게 남아 있었다.

"사자 세 마리……. 삼사자? 그건 영국 왕실의 문장인데?"

가뜩이나 심란한 앨버트의 얼굴이 한별의 말 때문에 더욱 무겁게 가라앉았다.

"대체 너희들, 진짜 뭐야?"

"그러니까 말 못한다고! 도와줄 거야? 아님 말 거야?"

피가 울컥울컥 새어 나오는 옆구리를 움켜쥔 한별이 외쳤다.

앨버트는 질렸다는 듯 혀를 찼다.

"나 참! 그게 도와달라는 사람의 자세냐?"

"급하니까 이러지."

"삼사자 문장이라면 짐작 가는 데가 있어. 그러니까 제발 성질 좀 죽여라. 또 기절할라."

앨버트는 또 한 번 거품을 물려는 한별의 말을 자르며 말했다.

"내 몸은 내가 알아서 해. 지아를 찾고, 지아를 데려간 그 인간에게 한 방 먹이기 전엔 절대 안 쓰러져."

한별이 이를 으득 깨물었다.

"저기야."

앨버트가 말한 저택은 마을에서 한참이나 떨어진 숲길을 지난 뒤에야 나타났다. 숲과 개울 사이에 웅크리듯 앉아 있는 저택은 비오는 밤이어서 그런지 을씨년스럽게 보였다.

"영국 대사의 별장이지. 네가 말한 삼사자의 문장은 영국 왕실의 상징이고, 그 문장이 그려진 마차를 가진 곳은 이 일대를 통틀어 저곳 하나뿐이야."

그의 말대로 어두컴컴한 저택의 한쪽 구석에는 마차 한 대가 세워져 있었다. 크고 튼튼한 마차의 문에는 그날 밤 한별이 봤던 바로 그

문장, 포효하는 황금빛의 사자 세 마리가 새겨져 있었다.

"드디어 찾았다."

한별이 이를 갈며 나직이 뇌까렸다. 그런 한별의 마음을 눈치챘는지 앨버트가 고개를 까딱했다.

"자, 슬슬 가 볼까?"

한별은 마른침을 꿀꺽 삼킨 뒤 고개를 끄덕였다. 몸을 움직일 때마다 어깨와 옆구리가 욱신거렸지만 잡혀가던 지아의 마지막 모습을 떠올리면 이 정도 아픔쯤은 참을 수 있었다.

한별은 숨을 크게 들이쉬고는 앨버트보다 한 발 먼저 저택을 향해 다가갔다.

"싫어요."

빅토리아의 단호한 대답에 존 콘로이는 와락 인상을 썼다. 벌써 며칠째 빅토리아는 앵무새라도 된 듯 똑같은 말만 반복하고 있었다. 힐끗 달력을 보는 그의 눈빛에는 짜증과 함께 초조함이 섞여 있었다. 이제 영국으로 돌아갈 날이 얼마 남지 않았기 때문이었다.

빅토리아는 그런 그의 앞에서 한 장의 서류를 갈기갈기 찢으며 다시 한 번 말했다.

"난 절대로 서명하지 않아요. 그러니 포기해."

벌써 십 일째였다. 존 콘로이가 섭정 위임장을 만들어 오면 빅토리아는 쳐다보지도 않고 찢어 버렸다.

마침내 인내심의 한계에 이른 듯 존 콘로이가 빅토리아의 얇고 가는 목을 와락 움켜잡았다.

"이 고집쟁이! 넌 항상 고집불통이었어."

"크윽……. 당신은 항상 오만했지. 모든 게 당신 뜻대로 되진 않아. 특히 난 절대 당신의 꼭두각시가 되지 않아."

"건방지게 굴지 마. 널 죽일 수도 있어."

"커……, 커억! 거짓말. 날 죽이면 섭정이고 뭐고 다 끝일 텐데?"

빅토리아는 숨이 턱턱 막히면서도 그를 노려보았다. 존 콘로이는 잠시 그녀의 목을 움켜쥐고 있다가 짜증스럽게 그녀를 밀어 버렸다.

"큭! 크윽……!"

차디찬 바닥에 떠밀려 넘어진 빅토리아는 막혔던 숨을 정신없이 들이쉬었다. 그런 그녀의 목에는 시퍼렇게 손자국이 남아 있었다.

존 콘로이는 싸늘한 시선으로 그녀를 내려 보다가 문득 씩 웃으며 손가락을 튕겼다.

"네 말이 맞아. 널 죽일 수는 없지. 하지만 네 친구는 어떨까? 응?"

빅토리아는 그의 말에 눈을 동그랗게 떴다가 이내 그를 노려보았다.

"지아에게 손가락 하나라도 댔다간 맹세코 죽여 버릴 거야."

끼익!

"나와라."

귀에 거슬리는 소음과 함께 문이 열리고 희미한 불빛이 스며들자 가장 어두운 구석에 쪼그리고 있던 지아는 두 눈을 질끈 감으며 더욱 더 웅크리고 앉았다. 그런 지아의 팔을 누군가 거칠게 잡았다.

지아는 힘겹게 실눈을 뜨고 상대를 올려다보았다. 흐릿한 불빛 아래 그의 얼굴에는 뱀처럼 길게 가로지르는 흉터 자국이 보였다. 한별을 죽인 바로 그 남자였다.

지아는 한 줌 남아 있는 기운을 쥐어짜 그의 손을 뿌리쳤다.

"싫어. 날 이용해서 뭔가 하려는 모양인데 차라리 날 죽이는 게 빠를걸?"

지아의 빈정거림에 기분이 상한 듯 그가 더욱 거칠게 지아의 팔뚝을 움켜잡았다. 그리고 힘껏 일으켜 세우며 짜증을 냈다.

"너나 공주나 진짜 사람 성질 긁는데 일가견이 있구나. 귀찮게 하지 말고…… 끄억!"

축 늘어진 지아가 막 일어서는 순간, 아직 잡히지 않은 한쪽 손으로 그의 뺨을 힘껏 후려쳤다.

동시에 사내가 자신의 뺨을 움켜쥐고 괴성을 질렀다. 그의 손가락 사이에서 붉은 피가 뚝뚝 흘러내렸다.

"으으……. 이 꼬맹이가……."

남자는 피가 흐르는 뺨을 감싸 쥔 채 지아를 노려보았다. 지아의 손에는 어디에서 부서져 나온 듯한 날카로운 나무 조각 하나가 들려 있었다.

지아는 그를 노려보며 이를 갈았다.

"그따위 상처로 엄살 부리지 마. 당신이 한별이에게 한 짓에 비하면 약과니까."

분노한 지아의 눈은 활활 타오르고 있었다. 조금 전 나약하게 웅크리고 있던 모습은 거짓말인 것 같았다. 하지만 남자의 분노도 만만치 않았다. 그는 성큼성큼 지아에게 다가가 커다란 손으로 지아의 뺨을 있는 힘껏 쳤다.

짜악!

"아아악!"

바닥에 쓰러진 지아의 입술이 터지며 피가 흘렀다. 남자는 그런 지아를 내려 보며 한 자 한 자 씹어뱉듯 말했다.

"이 독종! 어디 그렇게 죽고 싶으면 죽여주마."

"지아야!"

존 콘로이에게 붙잡혀 1층으로 내려온 빅토리아는 홀에 들어서자마자 깜짝 놀라 외쳤다. 홀 중앙에는 지아가 서 있었다. 희미한 촛불에 비친 지아는 고생이 심했던 듯 창백하고 핼쑥해 보였다. 어딘가 다친 듯 입가에는 피도 묻어 있었다.

하지만 빅토리아가 놀란 것은 그런 이유가 아니었다. 등 뒤로 손이 꽁꽁 묶인 지아의 목에 굵은 줄로 만든 올가미가 걸려 있었기 때문이었다. 이미 줄은 팽팽히 당겨져 의자 위에 까치발로 선 지아의 몸은 바들바들 떨리고 있었다.

지아의 목을 죄고 있는 줄은 그대로 위로 올라갔다가 샹들리에를 한 바퀴 감고 다시 비스듬히 아래로 떨어졌다. 로비 한구석에서 그 줄을 틀어쥔 사람은 한쪽 뺨에 피를 흘리는 남자였다. 빅토리아도 그를 알아보았다.

"또 당신! 한별을 해친 것도 모자라 지아까지 죽일 셈이야? 당장 풀어 줘!"

당장에 그에게 달려가려는 빅토리아를 막아선 것은 존 콘로이였다. 그는 언제 다시 만들어 왔는지 한 장의 서류를 빅토리아의 눈앞에 흔들었다.

"받는 게 있으면 뭔가 줘야 하는 법이지."

빅토리아는 그의 얄미운 얼굴을 이를 악물고 노려보았다. 하지만 그것도 잠시, 지아의 입에서 괴로운 신음이 흘러나왔다. 남자가 줄을 조금 더 잡아당긴 것이다.

선택의 여지가 없었다. 친구가 눈앞에서 죽어 가는 모습을 보는 것은 한 번으로 족했다.

"비열한 인간! 이 치욕을 잊을 거라 생각하지는 마. 영국으로 돌아간 뒤에 몇 배로 갚을 테니까."

"얼마든지."

끝내 빅토리아가 서명을 하자 존 콘로이는 의기양양한 얼굴로 서류를 낚아채듯 받아 품에 넣었다. 그리고는 남자를 향해 돌아서서 고개를 끄덕였다.

남자는 그의 신호에 이를 드러내며 웃었다. 그리고는 줄을 놓는 대신 있는 힘껏 잡아당겼다.

"끄으읍!"

동시에 지아의 몸이 허공으로 끌려 올라갔다.

"지아야!"

분노에 앞서 경악으로 두 눈이 찢어질 듯 부릅뜨는 빅토리아의 목덜미를 존 콘로이의 큰 손이 후려쳤다.

"미안하지만 우린 이만 가야 해."

자신의 팔 안에 축 늘어진 빅토리아의 귓가에 그가 나직이 속삭였다.

"윌리엄 왕이 마침내 죽었거든. 그리고 넌 여왕이 되어야 하지. 날 위해."

 존 콘로이가 빅토리아를 안고 떠나는 것과 동시에, 마치 낚시에 걸린 물고기처럼 요동치던 지아의 몸이 거짓말처럼 축 늘어졌다. 그제야 줄을 힘껏 움켜쥐고 있던 남자가 손에서 힘을 풀었다.

 털썩!

 실 끊어진 인형처럼 지아가 바닥으로 힘없이 떨어져 내렸다. 남자는 그런 지아를 잠시 내려 보다가 몸을 돌렸다. 그리고는 눈을 크게 떴다.

 "너는……!"

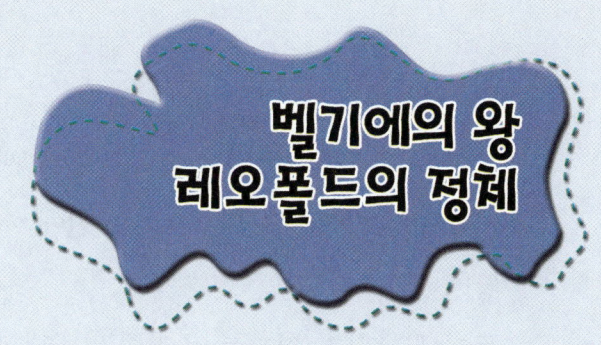

벨기에의 왕 레오폴드의 정체

놀라며 눈을 크게 뜬 남자의 얼굴을 발견한 한별은 와락 인상을 썼다.

"너……!"

그런 한별의 시야에 남자의 등 뒤로 쓰러진 지아가 보였다. 굵은 줄을 목에 감은 채 바닥에 쓰러진 지아의 얼굴은 마치 시체의 그것처럼 창백했다. 한별의 입에서 괴성이 터져 나왔다.

"으아악! 용서 못 해!"

한별은 괴성을 지르며 남자에게 덤벼들었다.

퍼억! 퍽!

남자보다 더 작고 어린 한별이었다. 하지만 분노는 그 모든 것을 덮고도 남았다. 한별의 주먹질과 발길질이 남자의 온몸에 내리박혔다. 연거푸 뒤로 물러선 남자의 얼굴이 잔뜩 일그러졌다.

"이 꼬맹이가……."

그의 허리에서 서늘하게 빛나는 칼이 챙 하고 맑은 소리를 내며 뽑혔다. 하지만 그가 칼을 휘두르기도 전에 한 발의 총성이 울려 퍼졌다.

탕!

동시에 남자가 어깨를 움켜쥐고 바닥에 쓰러졌다.

"어서 지아에게 가 봐. 이자는 내가 맡을 테니."

총을 쏘며 들어선 사람은 앨버트였다. 그는 총구를 남자에게서 돌리지 않은 채 말했다.

한별은 그제야 헐레벌떡 지아에게 달려갔다.

"지아야! 지아야! 눈 좀 떠 봐!"

한별은 급히 지아의 목에 걸린 굵은 줄을 풀었다. 줄이 풀린 목에는 불그스름하고 시커먼 멍이 들어 있었다.

"지아야……. 제발 눈 좀 떠 봐. 부탁이야."

지아의 어깨를 잡아 흔드는 한별의 손이 두려움으로 부들부들 떨렸다. 하지만 지아는 어떻게 해도 눈을 뜰 생각을 하지 않았다. 한별은 끝내 지아를 부둥켜안으며 울음을 끅끅 터뜨렸다.

"다…… 답답해."

그런 한별의 귓가에 들릴 듯 말 듯한 지아의 음성이 전해졌다. 한별은 번개라도 맞은 듯 번쩍 고개를 들었다. 눈물로 얼룩진 그의 눈과 가늘게 뜬 지아의 눈이 마주쳤다.

"다행이다. 정말 다행……."

말을 하다 말고 한별이 눈을 동그랗게 떴다. 지아가 그를 와락 껴안으며 눈물을 터뜨렸기 때문이었다.

"흑흑! 한별이 너 살아 있었구나. 난 네가 죽은 줄만 알았어."

그렇게 선명하게 전해지는 그의 심장소리를 잠시 듣던 지아가 문득 한별을 떠밀었다. 그리고는 움켜쥔 주먹으로 한별의 온몸을 때리기 시작했다.

"이 바보 멍청아! 살아 있으면 살아 있다고 말을 해야지! 내가 얼마나 걱정했는지 알아? 너 때문에 속이 다 시커멓게 탔단 말이야!"

한별은 윽윽, 신음을 내며 얻어맞으면서도 뭐가 좋은지 실실 웃음이 새 나왔다. 하지만 지아의 주먹이 칼에 찔렸던 옆구리를 때리자 앓는 소리를 내며 꼬꾸라지고 말았다.

"하, 한별아! 괜찮아? 어머, 피……!"

지아의 얼굴이 파랗게 변했다. 그러자 잠시 아픔으로 일그러졌던 한별의 입꼬리가 다시 슬쩍 말려 올라갔다.

"아프긴 한데 기분은 좋다. 너 진짜 날 많이 걱정했구나."

"다, 당연하지. 넌 내 하나밖에 없는 소중한…… 친구잖아."

지아는 진지한 눈빛으로 묻는 한별의 시선을 슬쩍 피하며 대답했다. 어둠이 슬쩍 붉어진 지아의 얼굴을 가려 주었다.

"친구? 그렇지, 우린 친구니까 당연한 건가?"

한별은 지아의 말에 고개를 끄덕이면서도 내심 서운했다. 하지만 서운함을 토로할 시간이 없었다.

"그런데 비키는 대체 어디 있는 거야?"

어깨에 총상을 입은 남자를 꽁꽁 묶은 뒤 앨버트가 사방을 돌아보며 물었던 것이다. 그제야 빅토리아에게 생각이 미친 지아가 비명을 질렀다.

"존 콘로이! 그가 끌고 갔어!"

앨버트가 인상을 찌푸렸다.

"존 콘로이? 영국의 그 존 콘로이 경 말이야? 그 사람이 왜 비키를 끌고 가?"

"그야 비키가 바로……."

한별은 말을 하려다 말고 지아를 돌아보았다. 지아가 그를 대신하여 말을 이었다. 그들은 친구의 비밀을 함부로 입에 올리는 것이 내키지 않았지만 상황이 너무 급박했다.

"비키가 바로 빅토리아 공주니까."

툭!

동시에 앨버트의 손에서 총이 떨어졌다.

"뭐?"

총을 놓은 그의 빈손이 급히 품속으로 들어갔다가 레오폴드가 건네준 펜던트를 꺼내 들었다.

"이게 비키라고?"

도저히 믿을 수 없다는 듯 앨버트는 다시 한 번 유심히 펜던트 속의 초상화를 살펴보았다. 검은 머리카락, 뽀얗고 작은 얼굴, 강아지처럼 크고 반짝이는 눈동자. 지금껏 수십 번이나 들여다본 그대로였다.

"미치겠군. 그렇게 찾아 헤맸는데 바로 앞에 있었을 줄이야. 그것도 몇 번씩이나 마주쳤으면서."

그는 단 한 번도 비키와 빅토리아를 동일인이라고 의심해 본 적이 없었다.

먼저 옷부터 달랐다. 그가 상상한 빅토리아 공주는 화려한 드레스에 값비싼 보석을 휘감은 오만한 귀공녀였다. 반면 비키는 언제나 더럽거나 먼지가 잔뜩 낀 값싼 드레스를 입고 상상도 하지 못할 사고를 치는 골칫덩이였다.

결정적으로 그가 두 인물을 연결시키지 못한 이유는 바로 미소였다. 초상화 속 빅토리아 공주의 표정이 얼음으로 빚어 놓은 듯 차가운 반면 비키는 언제나 햇살처럼 밝게 웃고 있었다. 그 웃음은 둘을 전혀 다른 인물로 느껴지게 했다.

앨버트가 얼빠진 듯한 얼굴로 한참이나 서 있자 한별이 고개를 갸웃거리다가 문득 생각난 듯 물었다.

"그런데 넌 도대체 왜 빅토리아를 찾아 헤맸냐?"

그제야 정신이 번쩍 든 앨버트가 초상화에서 눈을 떼며 말했다.

"왜긴? 공주랑 결혼해서 영국을 차지하라는 삼촌의 명령 때문이지. 영국은 우리 삼촌의 이루지 못한 꿈 같은 것이거든."

지아가 떨떠름하게 물었다.

"그게 이유야?"

"그럼 뭐가 더 있어야 하나?"

앨버트는 비키, 아니 빅토리아에게 보기 좋게 속았다는 배신감과 허탈함에 입술을 삐죽이며 말했다.

그 대답에 한별이 인상을 썼다.

"나 참, 어떻게 된 게 이 시대에는 제대로 된 녀석이 하나도 없어? 죄다 결혼해서 한몫 잡아 보려는 생각뿐이냐고."

지아도 얄밉다는 듯 앨버트를 노려보았다. 하지만 이내 고개를 흔들었다.

"그나저나 빅토리아부터 구해야지. 어디로 간 거야?"

"영국. 뻔하잖아."

"그야 나도 알지. 문제는 어떻게 따라잡느냐는 거지."

그때 앨버트가 불쑥 끼어들었다.

"나도 끼워 주면 도와줄게."

"넌 왜? 너같이 동기가 불순한 녀석은 절대 사절이거든?"

지아가 눈을 치켜뜨며 말했다. 하지만 앨버트도 절대 물러서지 않겠다는 듯 고집을 피웠다.

"따지고 보면 내가 이 고생을 하는 게 다 그 말괄량이 때문이잖아. 내가 직접 그 복수를 해야지. 그러려면 먼저 콘로이의 손에서 구출해야 하지 않겠냐? 게다가 너희들, 내 도움도 없이 어떻게 영국까지 갈 건데?"

그의 말이 맞았다. 지아와 한별은 짜증스러운 듯 잠시 그를 노려보다가 할 수 없이 고개를 끄덕였다.

"좋아. 그런데 빅토리아가 어디로 향했는지는 너도 모르잖아?"

앨버트는 씩 웃으며 자신이 직접 꽁꽁 묶은 남자를 힐끔 쳐다보았다.

"그걸 알려줄 사람은 따로 있지."

남자는 앨버트의 말에 코웃음을 쳤다.

"흥! 내 입에서 무슨 말을 들을 수 있을 거란 기대는 않는 게 좋아."

지아와 한별도 같은 생각이었다. 그는 죽으면 죽었지 절대 비밀을 털어놓을 사람이 아니었다. 하지만 앨버트는 피식 웃었다.

"알아. 하지만 우리 삼촌은 그런 쪽으로 꽤 유능하다고. 그러니 당신은 벨기에까지만 동행해 주면 돼."

　레오폴드는 냉혹한 군주로 이름이 높았다. 그의 이름이 거론되자 남자의 얼굴에서 핏기가 싹 가셨다.

　지아, 한별, 앨버트와 정체 모를 남자까지 넷을 태운 마차는 밤낮을 가리지 않고 달리고 또 달려 며칠 만에 벨기에의 수도 브뤼셀의 왕궁에 도착했다.
　도착한 것은 밤이 늦은 시간이었지만 조카인 앨버트로부터 미리 연락을 받은 레오폴드 왕은 일행을 기다리고 있었다.
　앨버트와 지아, 한별은 옷도 갈아입지 못한 상태로 레오폴드의 집무실로 안내 받았다. 앨버트는 차분한 목소리로 그동안의 사정을 설명했다.
　냉정한 얼굴로 그의 말을 듣고 있던 레오폴드는 빅토리아가 납치되었다는 대목에 이르자 찌를 듯한 시선으로 묶여 있는 남자를 노려보았다.
　그리고 마침내 앨버트의 말이 끝나자 그때까지 참을성 있게 귀를 기울이고 있던 레오폴드는 차가운 목소리로 비소했다.
　"존 콘로이 따위가 감히 코브르크 가문을 건드리다니. 후회하게 해 주지."
　존 콘로이의 훼방으로 서신도 전하지 못하고 만날 수도 없었지만 그와 빅토리아의 어머니인 켄트 공작부인은 남매였다. 다시 말해 빅토리아는 그의 조카이기도 했다. 가문에 대한 자긍심이 대단한 그의 분노에 찬 목소리에 줄에 묶여 이곳까지 끌려온 남자가 몸을 한차례 떨었다.

말 몇 마디로 방 안 공기를 차갑게 얼린 레오폴드는 문득 한별과 지아, 그리고 앨버트를 보며 피식 웃었다.

"쯧쯧……. 꼴이 말이 아니군. 너희들 부탁대로 빅토리아에 대한 건 내가 알아볼 테니 너희들은 먼저 좀 씻어라."

그의 말대로 셋의 몰골은 형편없었다. 깔끔한 미남이었던 앨버트의 얼굴에는 긴 여행에서 얻은 피곤함이 덕지덕지 붙어 있었고, 지아의 양 손목과 목은 짙은 보라색으로 멍이 들어 있었으며 입술은 검푸른 색이었다.

셋 중 가장 처참한 것은 역시 한별이었다. 옆구리의 상처에서 흘러나온 피가 엉겨 붙은 그는 곧 쓰러져도 이상하지 않아 보였다.

지아가 한별을 대신해 레오폴드에게 인사를 건넸다.

"고맙습니다."

레오폴드의 배려는 무척 섬세했다. 의사의 치료는 물론이고 목욕물과 식사, 보슬보슬한 새 옷과 신발까지 빈틈없이 준비해 주었다.

정말 오랜만에 맛있는 식사와 목욕을 하고 새 옷을 입은 지아는 레오폴드에게 감사하며 침대에 눕자마자 기절한 듯 잠들어 버렸다. 그리고 그것은 한별도 마찬가지였다.

앨버트는 잠들지 못했다. 죽도록 피곤했다. 하지만 눈만 감으면 비키의 웃음과 미소가 어른거려 도저히 잠을 이룰 수가 없었다. 결국 잠들기를 포기한 그는 달빛이 은은히 비추는 창가에 섰다. 그런 그의 손에는 투박한 종이로 포장된 그림 하나가 들려 있었다.

그는 한참 동안 그것을 내려다보다가 문득 종이를 풀었다. 투박하지

만 정성이 깃든 붓놀림으로 해 지는 몽마르트 언덕과 이를 배경으로 서 있는 자신과 빅토리아를 그린 그림 한 장이 그 안에 들어 있었다.

파리에서 빅토리아와 헤어진 뒤 어렵사리 다시 그 화가를 찾아가서 받은 것이었다. 그림 속의 빅토리아는 초상화에서 늘 보아 오던 어둡고 딱딱한 얼굴이 아닌, 밝고 활기찬 소녀 비키였다.

빅토리아뿐이 아니었다. 평생을 삼촌인 레오폴드 왕의 명령대로 따르기 바빠 한 번도 짓지 못했던 편안한 미소를 그림 속의 자신은 아주 당연하다는 듯 입가에 매달고 있었다.

그런 그의 시선이 문득 책상 위에 놓인 보석함으로 향했다. 그 안에는 맨 처음 빅토리아가 그의 돈 대신 주고 간 목걸이가 들어 있었다.

"어쩐지 어린 시녀가 훔쳐 달아나기엔 너무 대단한 물건이다 했지."

빅토리아와의 추억을 떠올린 앨버트는 쿡쿡하고 웃어 버렸다.

"그 왈가닥이 공주라고? 제대로 꾸민 모습이 어떤지 한 번 꼭 보고 싶은걸?"

그렇게 웃던 그의 눈에 한순간 이채가 어렸다. 급히 모자를 눌러쓰고 계단을 뛰어 내려가는 레오폴드가 보인 것이다. 앨버트는 고개를 갸웃거렸다.

"이 밤에 어딜 가시는 거지?"

레오폴드는 평소에 이용하는 왕실 문장이 박힌 마차가 아닌 마구간 구석에 세워 둔 마차에 올랐다. 평범하다 못해 초라한 마차였다.

호기심에 그를 뒤따라온 앨버트는 눈살을 찌푸렸다. 평소 왕실과 가문에 대한 자부심이 강한 삼촌이라면 절대 하지 않았을 선택이었다.

그러는 사이 마차가 급히 출발했다. 잠깐 망설이던 앨버트는 재빨리 입구에서 가장 가까이 서 있던 말 등에 올랐다.

레오폴드를 태운 마차는 브뤼셀의 밤거리를 달려 어느 버려진 저택 앞에 멈춰 섰다. 아무도 살지 않은 저택인지 철문에는 붉은 녹이 슬어 있었고, 정원엔 잡초가 허리까지 자라나 있었다. 벽돌은 검푸른 이끼로 뒤덮이고, 갈라진 기둥과 벽에 거미줄이 겹겹이 드리워져 있었다.

마차에서 내린 레오폴드는 잠시 주변을 살펴본 뒤 붉은 녹으로 뒤덮인 철문을 밀고 안으로 들어갔다. 우거진 잡초 사이에 숨어 있던 길 잃은 고양이들이 철문 소리에 놀라 후다닥 담장 위로 뛰어올랐다.

조금 떨어진 곳에서 레오폴드가 폐가로 들어가는 것을 지켜보던 앨버트의 눈이 더욱 어두워졌다. 아무리 봐도 한 나라의 왕이 밤길을 달려올 곳이 아니었다.

"이상하네."

머릿속은 복잡했지만 고민하는 시간은 길지 않았다. 지금 앨버트의 머릿속을 온통 차지하고 있는 것은 빅토리아였다. 레오폴드가 만약 빅토리아의 행방을 알아낸 것이라면 자신도 알아야 했다. 앨버트는 한껏 몸을 숨긴 채 저택의 돌담 아래로 다가갔다. 그리고 도둑고양이처럼 가벼운 몸놀림으로 저택 안으로 숨어들었다.

저택 안은 밖에서 볼 때와 별반 다르지 않았다. 가구들을 덮은 천은 오랜 시간 동안 방치된 듯 누렇게 색이 바랬고, 벽을 장식한 그림들은 곰팡이와 습기로 얼룩져 있었다. 누가 보더라도 몰락한 귀족이 버리고 간 저택이었다.

 그 어두운 공간을 레오폴드는 익숙한 듯 망설이지 않고 걸었다. 그리고는 복도 끝에 있는 방문을 열었다. 놀랍게도 문이 열리자 희미한 불빛이 새어 나왔다.

 레오폴드는 망설이지 않고 방 안으로 들어갔다.

 쿵!

 문이 닫히는 소리가 복도에 울렸다. 크지는 않지만 워낙 적막한 공간이어서 그 소리는 꽤 멀리까지 퍼졌다. 앨버트는 그제야 복도의 모퉁이 밖으로 고개를 내밀었다.

 그는 잠시 망설이다가 살금살금 레오폴드가 들어간 방문 앞에 멈춰 섰다. 그리고는 숨소리조차 죽인 채 문에 귀를 찰싹 붙였다. 누군가 말하는 소리가 윙윙거리며 들려왔다. 하지만 아무리 애를 써도 도무지 알아들을 수가 없었다. 잠시 어떻게 할까 고민하던 앨버트의 손이 조심스럽게 문고리를 잡았다.

 "뭐라고?"

 누군가의 목소리와 함께 다행히 문은 생각보다 조용히 열렸다. 그리고 그 작은 소음조차 때마침 들려온 누군가의 외침에 묻혔다. 가슴을 쓸어내리며 앨버트는 희미하게 불빛이 새어 나오는 문틈에 눈을 가져다 댔다.

 작은 촛불 하나만이 밝혀진 방은 창문마다 마치 밤의 장막처럼 두꺼운 커튼이 드리워져 있었다. 레오폴드는 그 어둡고 차가운 방 안에서 누군가와 마주 앉아 있었다. 촛불이 일렁일 때마다 비춰지는 그는 무척이나 큰 키에 차가운 인상을 가진 중년 남자였다. 문이 열릴 때

들렸던 높고 신경질적인 목소리의 외침은 바로 그의 것이었다.

"대체 배는 언제쯤 준비되는 거요? 번번이 바람이 어떻다, 비가 어떻다 하며 시간만 보내고 있지 않소?"

"계절이 그런 걸 어쩌겠소? 다른 건 몰라도 바다는 내 뜻대로 움직일 수 있는 게 아니니까."

"그럼 대체 언제……."

"너무 조급해 마시오. 오늘 밤 자정이면 영국으로 출발할 수 있을 테니까."

"오늘 밤 자정?"

"서둘러야 할 거요. 안트베르펜까지 가려면 시간이 좀 걸릴 테니까."

레오폴드의 목소리였다. 그의 말에 상대방은 유쾌한 듯 큰소리로 웃음을 터뜨렸다. 문틈으로 안을 엿보던 앨버트는 깜짝 놀라 눈을 동그랗게 떴다.

안트베르펜은 벨기에의 유명한 항구도시였다. 앨버트는 레오폴드의 입에서 안트베르펜이라는 단어가 나오자마자 레오폴드의 앞에 앉아 있는 사람의 정체를 눈치챘다. 지금처럼 바다가 요동치는 시기에 급히 영국으로 돌아가야만 하는 한 사람, 바로 빅토리아를 데리고 갔다는 존 콘로이가 틀림없었다.

앨버트는 두 손으로 입을 막은 채 숨소리를 죽였다. 그리고 숨어들 때보다 몇 배는 더 조심스러운 발걸음으로 한 발 한 발 뒷걸음질 치기 시작했다.

"오늘 밤 역시 바람이 썩 좋은 건 아님에도 불구하고 출항하는 배는 단 한 척뿐일 거요."

앨버트가 떠난 뒤에도 방 안에서의 대화는 계속되었다. 조금 전까지만 해도 언성을 높이던 존 콘로이는 거짓말같이 환하게 웃으며 말했다.
"하하하! 정말 고맙소."
"고마워할 것 없습니다. 이건 거래니까."
"벨기에와 프랑스 사이가 심상치 않다는 것쯤은 나도 잘 알고 있소."
존 콘로이는 웃음기를 지우며 은근히 눈을 빛냈다.
"프랑스는 걱정하지 마십시오. 영국은 벨기에의 가장 큰 친구가 될 테니까. 특히 새로운 섭정왕은 당신의 우정을 잊지 않을 겁니다."
희미한 빛 속에서 존 콘로이의 눈은 마치 사냥감을 잡은 승냥이의 그것처럼 노랗게 빛났다. 레오폴드는 말없이 그의 손을 맞잡았다.

'삼촌이……!'
춤을 추듯 요란하게 흔들리는 말 등에 올라탄 앨버트는 입술을 질끈 깨물었다. 레오폴드가 야심가라는 것은 예전부터 알고 있었다. 하지만 동시에 그는 언제나 당당한 군주이기도 했다. 그런 삼촌을 앨버트는 아주 어렸을 때부터 존경해 왔다. 하지만 조금 전, 그가 그토록 존경하던 레오폴드는 비열한 악당의 손을 스스럼없이 잡았다. 앨버트는 오늘 밤 잠들지 못한 자신을, 그리고 레오폴드를 따라온 자신을 욕하며 박차를 가했다.

"일어나."
"5분만 더……."
죽은 것처럼 자고 있던 한별은 누군가가 어깨를 쥐고 흔들자 이불을 돌돌 말며 반대쪽으로 돌아누웠다.

"5분 더 같은 소리 하네. 당장 안 일어나?"

누군가가 이불을 확 잡아당기며 말했다. 그 바람에 침대 끝에 누워 있던 한별의 몸이 바닥으로 떨어졌다.

"으윽! 어떤 녀석이……. 지아?"

하필이면 다친 어깨로 떨어진 한별이 잔뜩 일그러진 얼굴로 소리를 지르려다가 눈을 동그랗게 떴다. 이불을 움켜쥔 사람이 다름 아닌 지아였기 때문이었다.

"윽! 너…… 왜 그런 꼴로 자는 거야? 바보!"

지아는 지아대로 당황한 듯 말을 더듬었다. 상처를 감싼 붕대 사이로 한별의 맨살이 고스란히 보였던 것이다.

"으악! 이, 이건……! 그러니까 의사가 이러는 편이 좋겠다고……. 진짜 너 올 줄 몰랐다고."

한별은 지아보다 열 배는 더 빨개진 얼굴로 변명하듯 웅얼거리다가 문득 고개를 갸웃거렸다.

"그런데 이 밤에 웬일이냐?"

답한 것은 지아가 아니라 앨버트였다.

"단서를 찾은 것 같아서. 서두르지 않으면 빅토리아를 놓칠 거야."

한별은 그제야 어두운 구석에 기대선 앨버트를 발견했다. 얼마나 서둘렀는지 그의 온몸은 땀으로 흠뻑 젖어 있었다.

"정말? 그런 중요한 말을 왜 이제야 해?"

한별은 다급히 바닥에 떨어진 윗옷을 집어 들어 재빨리 팔을 꿰 넣고는 방문을 열었다. 하지만 셋은 더 이상 걸음을 옮길 수 없었다. 방

문 밖에는 어느새 몰려온 병사들이 서 있었기 때문이었다.

"비켜라."

앨버트가 말했다. 하지만 병사들은 요지부동이었다.

"죄송합니다만 오늘 밤은 그 누구도 외출할 수 없다는 명령이 있었습니다."

"누구의 명령이라는 거지?"

"그야 당연히 국왕폐하의 명이십니다."

병사들은 심각한 얼굴로 대답했다. 말뿐이 아니었다. 그들의 손은 어느새 허리에 찬 장검의 손잡이를 쥐고 있었다. 아직 뽑지는 않았지만 그것만으로도 충분히 위협적이었다.

상황을 지켜보던 지아가 나직이 말했다.

"아무래도 조용히 나가긴 틀린 것 같지?"

"그러게. 이렇게 되면…… 정면 돌파지!"

한별은 말을 마치는 동시에 도저히 다친 사람이라고는 믿기 힘들 정도의 재빠른 몸놀림으로 가장 앞에 선 병사에게 달려들었다. 그리고는 다짜고짜 그의 얼굴을 이마로 들이받았다.

"으라차!"

설마 이렇게 부딪힐 거라고 생각하지 못한 병사는 그 한 방에 그대로 기절해 버렸다.

"일단 한 명! 나머지 아저씨들도 빨리 덤벼요! 우리 바쁘다고요!"

한별은 쓰러지는 병사의 허리춤에서 칼을 뽑아 들며 외쳤다. 그 도발에 남아 있던 병사들은 일제히 칼을 뽑았다.

앨버트 또한 미리 마음의 준비를 하고 있었던 듯 한별의 옆으로 옮겨 섰다. 평소 적막이 내려앉았던 궁은 때 아닌 칼과 칼이 부딪히는 금속성이 난무했다.

챙! 채앵!

"이 꼬맹이가!"

"쓴맛을 보여 주마!"

"앨버트 대공님만 잡으면 돼."

병사들의 얼굴에는 어린 나이의 한별이 검술도 제대로 배우지 못한 평민일 거라고 무시하는 기색이 역력했다.

앨버트의 검술은 예상대로 뛰어났다. 하지만 정작 병사들을 당혹시킨 사람은 한별이었다.

"으라차! 으앗!"

이상한 기합을 내지르며 한별이 휘두르는 칼은 그들이 난생처음 보는 마구잡이식 검술이었다. 하지만 사방팔방 어디서 날아올지 모르는 그의 칼을 무시할 수는 없었다.

"으윽! 이 꼬맹이 녀석……! 대체 왜 이렇게 힘이 센 거야?"

한별의 칼을 정면으로 막아 낸 병사가 시큰거리는 손목을 움켜쥐며 뒤로 물러섰다. 그런 그의 눈에 뒤에 처져 있는 지아가 보였다.

"저 꼬마 여자애라도……."

그렇게 중얼거리던 병사는 눈앞으로 뭔가 휙 날아들자 재빨리 바닥에 쪼그려 앉았다. 동시에 그의 머리 위에서 요란한 소리를 내며 도자기 하나가 박살 났다. 지아가 내던진 것이다.

"너! 그, 그건 고대 그리스의……, 으악!"

그가 뭐라고 외칠 사이도 없이 그를 향해 한눈에도 값비싸 보이는 골동품 하나가 날아들었다. 이번에도 지아의 짓이었다.
 와장창!
 "으악! 뭐 저런 게 다 있어? 너 그러고도 계집애 맞아?"
 병사의 말에 지아는 코웃음을 쳤다.
 "여자라고 다 조신하고 얌전해야 한다는 법 있어요?"
 지아는 버럭 외치며 복도에 세워져 있던 청동 갑옷을 냅다 걷어찼다. 갑옷은 귀를 찢을 듯 높고도 엄청난 소음을 만들며 바닥으로 흩어졌다. 그 바람에 한 덩어리로 뭉쳐 있던 한별과 앨버트, 그리고 병사들은 귀를 틀어막은 채 양쪽으로 갈라졌다. 그 잠깐의 침묵을 타고 지아의 목소리가 들렸다.
 "한별! 앨버트! 이쪽이야."
 갑작스레 들려온 지아의 외침에 한별과 앨버트는 물론 병사들도 일제히 그쪽을 돌아보았다. 그리고 입을 쩍 벌렸다. 지아가 치마를 허벅지까지 걷어 올린 채 계단의 난간을 타 넘고 있었던 것이다. 그 바람에 지아의 하얀 다리가 훤히 드러났다.
 "지, 지아……, 너!"
 한별조차 놀란 얼굴로 중얼거렸다. 지아가 그런 한별에게 인상을 쓰며 버럭 소리쳤다.
 "강한별! 뭘 꾸물거려? 여기서 평생 살래?"
 지아는 그렇게 외치고는 난간 밖으로 몸을 날렸다.
 그런 지아의 손끝에 천장에서부터 길게 늘어뜨린 왕실의 휘장이 잡혔다. 지아는 마치 미끄럼틀을 타듯 휘장을 타고 1층 대리석 바닥으로 나뒹굴듯 떨어졌다.

"으아악!"

그제야 한별과 앨버트도 난간을 넘어 휘장을 향해 뛰었다. 지아에 이어 둘의 몸무게를 견디지 못한 휘장은 한별과 앨버트를 매단 채 무너져 내리듯 대리석 바닥으로 쏟아졌다.

"으윽!"

하지만 아파할 시간도 없었다. 한별과 앨버트는 시큰거리는 팔다리를 움켜쥐다가 지아와 함께 궁전 입구를 향해 달리기 시작했다.

병사들은 뒤늦게 계단을 달려 1층으로 내려왔다. 하지만 이미 세 사람은 궁전을 빠져나간 뒤였다.

"뭐 저런 계집애가 다 있어?"

"잡아! 무슨 수를 써서라도 잡아!"

병사들은 고래고래 소리를 지르며 사방으로 흩어졌다.

궁을 벗어난 셋은 죽어라 말을 달린 끝에 마침내 밤바다가 보이는 항구도시 안트베르펜에 도착했다. 다행히도 자정 직전이었다.

"아직 늦지 않았지?"

말 등에서 뛰어내린 셋은 거친 숨을 토해 내며 부리나케 부둣가로 달려갔다. 밤바람이 제법 강하게 부는 부둣가에는 단 한 척의 배가 출항을 서두르고 있었다.

자세히 보니 분주히 움직이는 선원들 사이로 지아와 한별이 그토록 찾아 헤매던 존 콘로이가 보였다. 그리고 그의 옆에는 사람 하나쯤은 충분히 들어갈 정도로 커다란 궤짝이 놓여 있었다.

"저 원수! 잘 만났다. 여기서 아주 끝장을……, 커억!"

지아는 대뜸 튀어 나가려는 한별의 뒷덜미를 움켜잡았다.

"넌 어떻게 된 게 생각이 없니? 지금 나가면 '우리도 잡아 주세요' 하고 비는 꼴이란 말이야. 저 우락부락한 선원들이며 병사들을 데리고 온 저 사람 안 보여?"

지아는 눈을 부라리며 말했다. 그제야 한별의 눈에 존 콘로이와 마주 선 사람이 보였다. 검은색 실크 모자를 눌러쓰고 망토를 두른 그의 얼굴을 보는 순간 한별은 억하며 앨버트를 돌아보았다. 모자 아래로 드러난 얼굴은 바로 레오폴드 왕이었던 것이다.

"너, 알고 있었어? 너희 삼촌이랑 존 콘로이랑 그 뭐냐……."

"아마도 뭔가 거래가 있었겠지. 그는 왕이니까. 그래서 우리를 못 나오게 했던 거야. 그치?"

한별의 말을 자르며 지아가 앨버트를 바라보았다. 지아의 정확한 지적에 앨버트는 묵묵히 고개를 끄덕였다.

"삼촌도 어려운 결정이었을 거야. 그렇게 믿어. 프랑스와 전쟁이 날지도 모르거든."

앨버트는 마치 삼촌의 죄가 자신의 죄라도 되는 양 시선을 돌리며 변명하듯 웅얼거렸다. 지아가 그런 앨버트의 어깨를 두드렸다.

"지금 벨기에는 영국의 힘이 절대적으로 필요한 거로군. 너희 삼촌은 꽤 좋은 왕이로구나."

"고마워. 하지만 저건 비겁한 행동이야. 난 이해할 수가 없어."

앨버트는 주먹을 꽉 움켜쥐었다.

셋이 잠시 이야기를 나누는 사이, 출항 준비를 마친 선원들이 궤짝을 배 위로 끌어 올렸고, 존 콘로이 역시 사다리를 통해 배 위로 올랐다.

"으악! 이제 어떻게 해? 이대로 빅토리아가 꼭두각시 여왕이 되는 걸 보고만 있어야 하는 거야?"

"나도 모르겠어. 일단 달려들어 출항을 막아야 하나?"

한별이 답답함에 제 가슴을 팡팡 쳤다. 지아도 발을 동동 굴렀다.

전혀 예상치 못한 구원자가 나타난 것은 바로 그때였다.

"아니, 너희들 또 밀항하려고?"

"이제 보니 순 상습범이잖아?"

"어라? 그때 본 그 귀족 나리까지?"

잔뜩 긴장하고 있던 세 사람은 갑자기 들려온 음성에 화들짝 뒤를 돌아보았다. 그러자 험악해 보이는 선원들 십여 명이 자신들을 수상한 눈길로 바라보고 있었다.

"꺄악! 만세!"

"진짜 반가워요!"

선원들과는 반대로 지아와 한별, 앨버트는 환호성을 올렸다. 그들은 바로 영국을 떠날 때 만났던 선장과 선원들이었다.

"저희 좀 영국까지 태워다 주세요. 제발요."

지아가 선장의 털북숭이 팔에 매달리며 말했다. 선장은 셋의 얼굴에 담긴 절박함을 보더니 씩 웃었다.

"무슨 사정인지는 모르지만 그야 어렵지 않지."

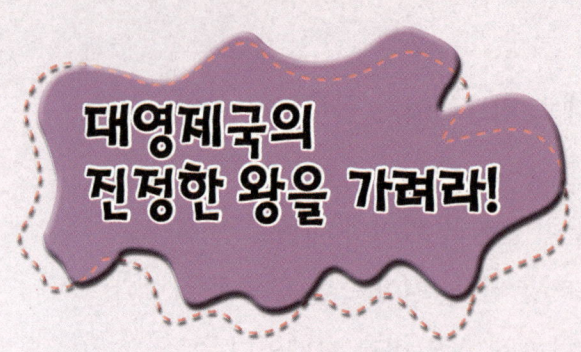

대영제국의 진정한 왕을 가려라!

런던의 공기는 어수선하고 혼란스러웠다. 병상에 있던 윌리엄 왕이 끝내 자리에서 일어나지 못한 채 눈을 감았다는 소식 때문이었다. 거기에 한 가지 더, 왕위를 이어야 할 공주의 실종이 혼란스러움을 가중시켰다.

그 혼란한 와중에 유럽의 어느 구석에 틀어박혀 있던 쿰버랜드 공작이 달려와 대관식을 자청하는 촌극까지 펼쳐져 윈저성은 시장 바닥이 따로 없을 정도로 시끌벅적했다. 쿰버랜드 공작은 죽은 윌리엄 4세의 동생이자 빅토리아의 다섯째 외삼촌으로, 만일 빅토리아가 태어나지 않았다면 그의 말대로 영국의 왕관은 그의 차지가 되었을 것이다.

하지만 그는 왕이 되기에는 너무나 치명적인 결점이 있었다. 바로 정신병 병력이 있던 것이다. 실제로 그는 피해망상과 극도의 혼란 증상을 보임으로써 이 소문이 사실임을 직접 증명했다.

하지만 그에게 왕위 계승권이 있는 것 또한 엄연한 사실이었다. 그래서 대관식을 열어 달라고 어린애처럼 찡얼거리는 그의 요구를 무작정 거부할 수도 없었다. 그런 이유로 왕비와 수상을 비롯한 사람들은 간절히 빅토리아가 돌아오기만을 기다리고 있었다.

왕궁은 주인 없는 대관식 준비로 분주했고, 의회는 의회대로 만약의 사태에 대비한 대책회의를 여느라 정신이 없었다.

혹시나 빅토리아의 소식을 알 수 있을까 싶어 켄싱턴 궁전과 윈저 성 부근에는 신문기자들에서부터 각국 대사관의 직원들, 각계각층의 내로라하는 가문의 하인들로 북새통을 이루었다.

"어쩌면 좋아. 도대체 존 경은 뭘 하고 있는 거야?"

켄싱턴 궁에 홀로 남겨진 켄트 공작부인은 궁전 주변을 배회하는 사람들을 내려다보며 입술을 질겅질겅 물어뜯었다. 초조한 그녀의 얼굴은 딸에 대한 걱정으로 가득했다.

그 시간, 조용히 템스 강을 거슬러 오른 배 한 척이 소리도 없이 런던 항에 도착했다. 뿌연 안개가 내려앉은 런던 항은 인적이 끊겨 을씨년스러웠다. 그 침울하고 어두운 부두로 세 명의 그림자가 내려섰다. 한별, 지아, 그리고 앨버트였다.

선장에게 고마움을 표한 셋은 나직이 속삭였다.

"존 콘로이가 어디로 갔을지 모르니 흩어져서 찾아보는 게 빠를 것 같아."

앨버트의 말에 한별과 지아는 고개를 끄덕였다. 잠시 고민한 끝에 앨버트는 수상 관저가 가까운 의회, 지아는 빅토리아의 집인 켄싱턴 궁, 그리고 한별은 대관식이 열릴 원저성으로 향하기로 했다.

"조심해."

앨버트가 급한 걸음과 함께 안개 속으로 사라지자 한별이 지아를 보며 말했다. 하지만 지아는 오히려 한별이 더 걱정이었다.

"너야말로 다친 몸으로 사고 치지 마."

한별은 무뚝뚝한 말투 속에 숨어 있는 지아의 진심을 알아채고는 환하게 미소를 지었다.

켄싱턴 궁으로 숨어들기는 어렵지 않았다. 존 콘로이의 통제가 풀린 궁전 안팎은 빅토리아 공주 실종 사태로 인해 모여든 낯선 사람들로 가득했기 때문이었다.

지아는 최대한 눈에 띄지 않으려고 노력하며 고양이 걸음으로 궁전 곳곳을 뒤졌다. 하지만 빅토리아의 방부터 거울이 있던 화랑, 심지어 창고와 마구간을 뒤져 보아도 빅토리아는 어디에도 없었다. 아마도 존 콘로이가 그녀를 데리고 다른 곳으로 간 것이라 판단한 지아는 힐끗 하늘을 올려다보았다. 안개 사이로 높이 뜬 달이 보였다. 지아는 시간을 짐작해 본 뒤 마지막으로 빅토리아를 처음 만났던 화랑으로 향했다.

"너, 너는!"

그곳에서 지아는 켄트 공작부인과 마주치고 말았다. 그녀는 한눈에 지아를 알아보고는 히스테릭한 목소리로 지아의 어깨를 움켜잡

앉다.

"너, 빅토리아와 함께 사라졌다던 그 시녀 맞지? 그렇지? 내 딸, 우리 빅토리아는 어디 있는 거야? 대체 어디에 버려둔 거냐고?"

공작부인은 미친 듯이 지아의 어깨를 쥐고 흔들었다. 그러다가 이내 눈물이 가득 고인 눈으로 사정하기 시작했다.

"아니, 아니다. 아무것도 묻지 않으마. 제발 빅토리아가 살아 있다고만 해 줘."

지아는 끝내 바닥에 무너지듯 주저앉는 공작부인을 가만히 내려다보았다. 그녀는 더 이상 우아하고 고상한 귀부인이 아닌 딸을 걱정하는 어머니일 뿐이었다.

그녀를 보는 지아의 가슴이 순간 뭉클해졌다. 지금은 잘 기억나지도 않는 어머니가 떠올랐기 때문이었다.

지아가 말했다.

"빅토리아는 살아 있어요."

"아! 그럼 어디에……."

지아의 한마디에 공작부인은 눈을 반짝이며 입을 열었다. 하지만 이어지는 지아의 말에 공작부인의 그 눈빛은 금세 사라져 버렸다.

"하지만 무사하지도 못하죠. 존 콘로이에게 끌려갔으니까."

"그게 무슨 소리니? 존 경이 우리 모녀에게 얼마나 헌신적인 사람인데."

공작부인의 눈동자는 지아에 대한 불신으로 가득했다. 하지만 지아가 지난 일들과 존 콘로이의 음흉한 속내를 조리 있게 설명하자 그 불신은 점점 경악으로, 그리고 마침내는 깊은 자책으로 바뀌었다. 그녀는 비명이 새어 나오려는 입을 두 손으로 막은 채 울부짖듯 말했다.

"맙소사! 난 그런 것도 모르고 빅토리아를 다그치기만 했어. 존 경에게 감사하라고, 그에게 순종하라고. 내가 내 딸을 망치고 있었다니!"

지아는 안타까운 눈으로 그녀를 바라보았다. 공작부인이 틀린 것은 아니었다. 이 시대의 모든 여자들이 원하는 것은 단 하나, 결혼하여 남편에게 기대면서 따분하지만 평온한 나날을 보내는 것이었기 때문이었다. 여자에게는 어떤 형태의 재산권도 인정하지 않던 시대에 그것은 어쩌면 당연한 일이었다.

빅토리아는 이를테면 별종인 셈이었다. 그렇기 때문에 지아는 더욱 빅토리아가 진짜 여왕으로 설 수 있도록 돕고 싶었다.

"지금이라도 빅토리아를 도울 것이 없는 건 아니에요."

그 말에 공작부인은 그제야 눈물을 훔쳤다.

"내가 뭘 하면 되니? 지난 시간을 바로잡을 수만 있다면 어떤 일이라도 할 거란다."

앙다문 그녀의 입술을 보며 지아는 그녀의 귓가에 속삭였다. 한참 동안 그녀의 이야기에 귀를 기울이던 공작부인은 때로는 고개를 끄덕이고, 또 때로는 전혀 모르겠다는 듯 미간을 찌푸렸다.

"정말 그렇게만 하면 되겠니?"

지아는 힘 있게 고개를 끄덕였다. 그리고는 앞장서서 화랑의 문을 열었다.

동시에 모처럼 환해졌던 지아의 얼굴이 굳어졌다. 군데군데 흔들리는 촛불만이 켜진 어두운 화랑 밖 복도에 서 있는 두 명의 그림자가 보였던 것이다. 지아는 그들을 기억하지 못했다. 하지만 그들의 손에 들린, 시퍼렇게 날이 선 단도는 충분히 알아볼 수 있었다. 뒤따라오던 공작부인의 입에서는 신음이 흘러나왔다.

"플로라! 레젠 남작부인! 이게 무슨 무례한 짓이냐?"

공작부인의 호통에도 둘은 칼을 내려놓을 생각을 하지 않았다. 지아는 알겠다는 듯 고개를 끄덕이며 중얼거렸다.

"이 사람들, 존 콘로이에게 매수된 모양이군요."

둘은 굳이 변명하지 않았다. 지아는 공작부인을 뒤로 밀어내며 한숨을 푹 내쉬었다.

"칫, 한별이 있었으면 발길질 한 방으로 해결할 텐데."

정말로 한별이 그리운 순간이었다. 하지만 한별은 이곳에 없고, 지아 혼자서 어떻게든 공작부인과 함께 이곳을 지나가야 했다.

"비켜! 다쳐도 난 몰라!"

지아는 입술을 질끈 물며 복도에 세워진 긴 은촛대를 단단히 틀어쥐었다. 그리고는 플로라와 레젠 남작부인을 향해 달려들었다.

정신없이 의회가 있는 런던의 중심지로 달리던 앨버트의 발걸음이 한순간 뚝 멈췄다. 마치 장막처럼 짙게 깔린 안개 사이로 희미하게 한 건물이 보였기 때문이었다.

한시가 급했지만 앨버트는 그 자리에 굳어 버린 양 골똘히 생각에 잠겼다.

"존 콘로이는 오만한 자야. 그런 그가 자신을 그토록 모욕하던 윌리엄 4세가 살던 윈저성에 갔을까?"

그는 아닐 거라고 생각했다. 그리고 안개 뒤로 보이는 건물로 방향을 틀었다. 안개 사이로 희뿌옇게 드러난 그것은 왕실에서 새로 짓고 있는, 윈저성보다 더 웅장하고 화려한 버킹엄 궁전이었다. 아직 마무리 공사가 끝나지 않았지만 그 규모와 드러난 외관만으로도 버킹엄 궁전은 아름다운 건축물이었다. 앨버트는 잠시 건물 주변을 돌다가 아직 유리를 끼우지 않은 창문을 통해 궁 안으로 숨어들었다.

내부는 곳곳에 쌓아 둔 건축자재며 인부들의 공구함으로 어지러웠다. 앨버트는 손으로 벽을 더듬으며 천천히 안쪽으로 들어갔다. 그리고 마침내 궁전의 중앙이라고 할 수 있는 연회장 근처에 이르렀을 때, 앨버트는 존 콘로이를 발견할 수 있었다.

"으하하하! 내일이면 이곳의 주인은 나야!"

앨버트의 짐작대로 존 콘로이가 빅토리아를 끌고 온 곳은 바로 이곳, 버킹엄 궁전이었다. 그는 눈부시도록 새하얀 대리석이 깔린 연회장 한가운데서 미친 사람처럼 웃고 있었다. 그리고 그에게서 한 발짝 떨어진 곳에 놓인 의자에는 빅토리아가 등 뒤로 손이 묶인 채 앉아 있었다.

빅토리아는 묶여 있다는 사실도 잊은 채 차갑게 대꾸했다.

"천만에! 내일 해가 뜨면 당신은 이 궁전, 아니 영국 땅에 다시는 발도 못 붙이게 될 거야. 반드시!"

존 콘로이는 그런 반응조차 예상했다는 듯 씽긋 웃으며 말했다. 하지만 그 내용은 살벌하기 그지없었다.

"하하하! 네 어머니가 아직 내 손아귀에 있는데 과연 그럴 수 있을까?"

"뭐?"

"내 말 한마디면 네 어머니, 그 멍청한 여자는 아마 싸늘한 시체로 발견될 거란 말이다."

빅토리아는 싸늘히 굳어져 되물었다.

"뭐라고?"

존 콘로이는 대답 대신 한쪽에 놓아둔 외투와 모자를 걸친 뒤 지팡이를 집어 들었다.

"나도 조금 더 대화를 나누고 싶지만 이만 가 봐야 할 것 같군. 영국에 새로운 섭정왕이 생겼다는 기쁜 소식을 멜번 수상에게도 전해야 하니까."

그의 말에 빅토리아는 분한 듯 눈물을 삼켰다. 하지만 돌아선 존 콘로이의 얼굴 또한 썩 밝지 않았다. 전혀 예상치 못했던 인물이 기둥 뒤에서 튀어나왔기 때문이었다.

"미안하지만 그렇게는 안 될걸?"

앨버트를 본 빅토리아는 반가움에 눈물이 핑 돌았다.

반대로 존 콘로이는 벌레라도 씹은 듯 얼굴을 찡그렸다.

"넌 레오폴드의 조카 아닌가? 네가 왜 여기에……?"

"삼촌의 불명예스러운 짓을 대신 씻으러 왔다. 그러니 각오하는 게 좋을 거야."

앨버트는 가면처럼 굳은 얼굴로 스릉, 칼을 뽑아 들었다. 창밖으로 들이치는 희미한 달빛 아래 그의 칼은 시퍼런 도깨비불을 피워 올렸다.

존 콘로이의 눈에는 놀람과 어이없음을 지나 분노가 담겼다. 그는 잔뜩 일그러진 얼굴로 지팡이의 손잡이를 돌렸다.

철컥!

날카로운 기계음과 함께 지팡이 끝에서 뾰족한 칼날이 튀어나왔

다. 존 콘로이는 그렇게 장검이 된 지팡이를 들어 까딱거렸다.

"흥! 너같이 젖도 못 뗀 꼬맹이가 날 막을 수 있을 것 같아?"

하지만 그의 목소리는 앨버트의 귀에까지 닿지 않았다. 이 순간 앨버트의 머릿속을 온통 차지하고 있는 죄책감 때문이었다. 빅토리아가 저렇게 잡혀 고생을 하는 것이 모두 다 삼촌의 탓인 것만 같았다. 그리고 그 채무는 고스란히 그에게 옮겨와 있었다. 그것은 말 그대로 숨이 막힐 정도의 무게였다.

캉! 카앙!

앨버트는 조금이라도 그 죄책감을 덜려는 듯 온몸의 힘을 짜내 존 콘로이에게 칼을 휘둘렀다. 그것은 검술이라기보다는 차라리 몸부림에 가까웠다.

한별이 윈저성에 도착했을 때, 그곳은 한창 대관식과 윌리엄 왕의 장례식 준비로 분주했다. 밤이 늦은 시간이었지만 수십 명의 시종들과 시녀들이 분주히 움직이고 있었다. 덕분에 한별도 고개를 푹 숙인 채 이곳저곳을 돌아볼 수 있었다.

"오! 나 완전 재수 좋은데?"

하지만 그 미소가 사라지는 데는 그리 오랜 시간이 걸리지 않았다. 윈저성은 그가 혼자 돌아보기에는 너무 컸던 것이다. 한별은 어깨를 축 늘어뜨리며 울상을 짓고 말았다.

시무룩한 모습으로 막 복도를 꺾은 한별의 눈에 총칼로 무장한 병사들이 띈 것은 순전히 우연이었다.

"드디어 교대 시간이군."

"하암! 졸리다."

병사들은 피곤한지 눈을 비비며 한별의 옆을 스쳐 지나갔다.

'병사들이 저렇게 많이 필요한 이유가 뭐지?'

한별은 자신에게 묻듯 중얼거렸다. 그리고는 곧 결론을 내렸다. 병사들이 저렇게까지 성을 지키려 하는 것을 보아하니 이곳에 무척 중요하고 가치가 높은 것이 있음이 틀림없었다. 그리고 지금 이 윈저성에서 가장 중요한 것은 빅토리아였다. 한별은 씩 웃으며 중얼거렸다.

"좋았어!"

기회를 보고 있던 한별은 병사들이 지나간 틈을 타 재빨리 그들이 나온 입구로 뛰어들었다.

아치형의 입구 안쪽은 아래로 통하는 계단이었다. 한별은 급한 마음에 계단을 서너 개씩 뛰어내렸다. 하지만 계단을 다 내려가 바닥에 도착하자마자 그는 자신의 생각이 틀렸음을 알아챘다. 지하실에서 한별을 기다리고 있는 것은 대리석과 유리로 만든 관, 그리고 그 관을 지키고 있던 아델하이트 왕비였다.

"넌 누구지? 여긴 아무도 들어오지 못하는 곳이다."

왕비는 낯선 한별을 보며 물었다. 한별은 그녀의 목소리가 풍기는 절제된 슬픔에 어깨를 움찔하며 대답했다.

"저…… 친구를 찾다가 그만 길을 잘못 들었습니다. 죄송합니다."

한별은 허둥지둥 사과를 하며 뒤돌아섰다. 그런 그를 왕비가 불러 세웠다.

"잠깐, 거기 서라."

그녀의 목소리에 한별은 마른침을 꿀꺽 삼키며 멈춰 섰다. 그런 그의 귓가에 사락거리며 옷자락 스치는 소리가 났다. 왕비가 다가온 것이다.

"친구를 찾아 왔다고? 친구 누구?"

"그, 그건……."

"시녀 중 한 사람이니? 아니면 시종들 중 하나니?"

왕비의 목소리는 서늘한 지하 공기를 닮아 있었다. 한별은 어찌할 바를 몰라 마른침을 꿀꺽 삼켰다.

"제 친구는 그러니까 시, 시녀예요. 전 여기 있는 줄 알았는데 아마도 다른 곳으로 갔나 봐요."

"다른 곳 어디?"

왕비는 한별에게 숨 돌릴 틈도 주지 않고 재차 캐물었다.

"그야 켄싱턴……, 끕! 저, 전 정말 이만!"

한별은 반사적으로 입을 열었다가 이내 양손으로 입을 틀어막았다. 그리고는 허둥지둥 계단 위에 발을 올렸다.

그때 왕비의 음성이 다시금 그의 발을 잡았다.

"한 가지 부탁이 있단다. 네 친구를 찾으면 반드시 오늘 밤 안에 멜번 수상을 만나라고 전해 주겠니? 의회의 동의를 얻지 못하면 왕관도 결국 값비싼 장식품에 지나지 않다는 말도 전해 주고. 약속은 미리 잡아 놨단다."

그 말에 한별은 멈칫하며 뒤를 돌아보았다. 컴컴한 지하 무덤에 홀로 선 왕비의 눈이 따뜻하게 빛나고 있었다.

"제가 빅토리아를 찾아다니는지 어떻게 아세요?"

"나이가 들면 때로는 듣지 않아도 알 수 있는 게 있단다."

왕비는 대답 대신 씽긋 웃었다. 그리고는 한마디 덧붙였다.

"아, 그리고 하나 더, 내일은 절대 늦지 말라고도 전해 주렴. 아주 특별한 날이잖니?"

한별은 말없이 그녀를 바라보다가 고개를 끄덕였다. 그리고는 재빨리 다시 뒤돌아서서 계단을 뛰어올랐다.

"멜번 수상, 수상 관저, 오늘 밤!"

한별은 지아와의 약속 장소를 향해 달려가며 행여나 잊어버릴까 왕비에게서 들은 말들을 끊임없이 중얼거렸다.

창!

뾰족한 칼날이 튀어나온 존 콘로이의 지팡이가 허공을 날았다. 반대로 앨버트의 칼날은 존 콘로이의 어깨에 깊이 박혀 있었다. 존 콘로이의 얼굴이 낭패라는 듯 일그러져 있었다.

존 콘로이는 자신이 졌다는 사실에 충격을 받았는지 멍한 얼굴로 자신의 손과 어깨를 번갈아 바라보았다.

존 콘로이가 그렇게 무너지자 앨버트는 빅토리아의 앞에 섰다. 그리고 그녀의 손을 옥죄고 있던 밧줄을 툭툭 끊어 주었다.

"고마워."

빅토리아가 그런 앨버트를 말간 눈으로 올려다보며 말했다.

앨버트는 아직 지워지지 않은 죄책감과 거기에 이유 모를 떨림까지 더해져 일부러 퉁명스레 말했다.

"넌 정말, 끝까지 성가시게 하는 애야. 대체 네 정체가 공주라는 건 언제 말을……, 끄윽!"

"타앙!"

그 순간, 날카로운 총성이 차가운 대리석의 공간에 울려 퍼졌다. 빅토리아는 너무 놀라 비명도 지르지 못한 채 서서히 자기 쪽으로 무너져 내리는 앨버트를 그저 바라볼 뿐이었다. 그의 가슴 한쪽은 이미 붉다 못해 검은색으로 물들어 있었다.

"꺄아악! 앨버트!"

뒤늦게 빅토리아의 비명이 터져 나왔다.

앨버트가 쓰러지자 그제야 빅토리아의 눈에 총구를 자기 쪽으로 겨눈 채 다가오는 존 콘로이가 보였다. 고통과 분노로 일그러진 그의 입에서 저주 같은 목소리가 비집고 새어 나왔다.

"이제 내일이면 평생 동안 원하던 게 내 손에 들어오는데 너 같은 꼬맹이 때문에 망칠 수는 없어."

빅토리아는 광기로 물든 존 콘로이의 눈동자를 응시하다가 바닥에 떨어진 앨버트의 칼을 손에 집었다.

존 콘로이가 단번에 조롱했다.

"큭큭! 재밌군. 그걸로 뭘 어쩌려고? 응? 날 죽이기라도 할 건가? 고작 계집애 주제에."

"죽이진 않아! 당신 같은 사람은 죽일 가치도 없으니까!"

빅토리아는 눈을 빛내며 전혀 엉뚱한 방향으로 칼을 휘둘렀다.

"사악!"

은빛의 칼이 허공을 가르자 옆에 길게 드리워져 있던 밧줄이 싹둑 끊어졌다. 동시에 천장에 임시로 매달아 놓은 육중한 철제 샹들리에가 존 콘로이의 머리 위로 쏟아져 내렸다.

"으악!"

존 콘로이는 비명도 제대로 지르지 못한 채 그 자리에서 기절하듯 쓰러졌다.

텅!

빅토리아의 손에서 칼이 미끄러지듯 바닥에 떨어지며 공허한 울림을 만들어 냈다.

"빅토리아!"

바로 그때, 다급한 외침과 함께 지아와 한별이 뛰어 들어왔다. 둘 다 한바탕 전쟁이라도 치르고 온 사람들처럼 엉망이었다. 약속 장소에 앨버트가 남긴 글을 발견하고는 급히 달려온 것이다.

"난 괜찮아. 그런데 앨버트가……."

친구들의 얼굴을 보자 비로소 긴장이 풀렸는지 빅토리아의 입에서 히뜩거리는 소리와 함께 눈물이 넘쳐흘렀다. 하지만 안타깝게도 지금은 눈물을 흘릴 시간조차 없었다.

지아가 빅토리아의 어깨를 꽉 잡았다.

"빅토리아, 앨버트는 우리에게 맡기고 넌 수상 관저로 가야 할 것 같아. 멜번 수상이 기다리고 있을 거야."

"수상 관저? 지금 이 늦은 시간에? 더구나 이 꼴로 가도 만날 수 있을까?"

한별이 앨버트의 상처를 싸매다가 불쑥 말했다.

"아마 멜번인가 멜론인가 하는 아저씨가 오히려 널 기다리고 있을걸? 왕비님이 그렇게 말했으니까 아마 틀림없을 거야."

"아! 어머니……!"

한별의 말에 한 발짝 내디디려던 빅토리아가 다시금 외쳤다.

"그쪽도 걱정하지 마. 내가 켄싱턴 궁에 미리 다녀왔어. 내가 왜 이 꼴이 됐겠니?"

이번에는 지아가 한쪽 눈을 찡긋해 보였다. 빅토리아는 아까와는 다른 감동으로 가슴 한쪽이 먹먹해졌다.

"둘 다 정말 고마워. 그리고 앨버트를 잘…… 부탁해."

빅토리아는 손등으로 눈물을 훔치며 말했다. 그리고 뒤돌아보고 싶은 마음을 꾹 누른 채 한 발 한 발 앞으로 걸어 나갔다.

"절대로 앨버트의…… 너희들의 노력을 헛되게 하지 않을 거야. 난 반드시 영국의 진정한 여왕이 될 거야."

씩씩하게 걸어 나가는 빅토리아의 뒷모습을 보며 지아는 흐뭇한 미소를 지었다.

"으악! 이 독한 아저씨! 그새 어디로 튄 거야?"

그때, 한별이 괴성을 질렀다. 뒤돌아보니 샹들리에가 떨어진 곳에는 점점이 핏방울만 떨어져 있을 뿐, 그 어디에도 존 콘로이가 보이지 않았다.

"이런!"

지아도 낭패한 듯 인상을 찌푸렸다. 하지만 그를 쫓아가기에는 앨버트의 상태가 너무 나빴다.

"앨버트를 의사에게 데려가는 게 더 급해."

"이게 뭐요?"

멜번 수상은 존 콘로이가 내미는 피가 잔뜩 묻은 봉투를 받으며 물었다. 존 콘로이는 창백해진 얼굴로 다급히 말했다.

"그건 빅토리아 공주가 왕위에 등극 즉시 나를 섭정으로 임명한다는 서류요."

그의 말에 두꺼운 멜번의 눈썹이 위로 치켜 올라갔다.

"설마?"

"펼쳐 보면 알 거요."

존 콘로이의 재촉에 멜번은 내키지 않는 얼굴로 봉투를 열었다. 그리고 그 안에 곱게 접혀 있는 종이를 꺼냈다. 하지만 펼쳐 읽지는 않았다.

존 콘로이는 눈으로 다시 한 번 그를 재촉했다.

"볼 필요 없어요!"

그때 누군가의 외침과 함께 서재의 문이 부서질 듯 활짝 열렸다. 멜번은 놀란 얼굴로 고개를 들었다. 그리고는 기절할 것 같은 표정이 되어 버렸다. 검붉은 피가 온몸에 튄 빅토리아가 거기에 서 있었다.

"공주님! 이게 무슨…… 어디 다치기라도 하신 겁니까?"

존 콘로이는 멜번보다 더 놀란 얼굴로 그녀를 노려보았다. 설마 어머니가 있는 켄싱턴 궁이 아니라 이곳으로, 그것도 이렇게 빨리 들이닥칠 줄 전혀 예상하지 못했던 까닭이었다.

"내 피가 아니에요."

빅토리아는 존 콘로이 따위는 보이지도 않는다는 듯 그의 시선을 무시한 채 멜번에게 다가갔다. 그리고는 그의 손에 들린 서류를 낚아채듯 빼앗았다. 그 무례한 행동에 멜번은 눈살을 찌푸렸다.

"공주님, 이것은……."

"이건 그저 잘못 배달된 편지일 뿐이에요. 그러니 수상께서도 못 본 걸로 해 주세요."

빅토리아는 그의 시선에도 아랑곳하지 않고 손에 든 종이를 박박 찢어 버렸다.

"듣기로 그건 무척 중요한 서류더군요. 그것도 섭정에 관한……."

멜번은 당돌하기까지 한 어린 공주의 행동에 눈을 크게 떴다가 이내 실처럼 가늘게 뜨며 말했다.

빅토리아는 그런 그의 눈을 똑바로 바라보며 힘주어 말했다.

"섭정이라뇨? 당치도 않습니다. 제가 여왕이 되는 데는 의회를 제외하고 그 어떤 도움도 필요치 않습니다."

빅토리아의 제법 당당하면서도 협상의 여지를 남겨 두겠다는 어투에 멜번은 씩 웃음을 지었다. 마냥 어린 소녀라고만 생각했는데 자신이 틀린 모양이었다.

그는 노회한 정치인이었다. 자신이 속한 정당의 이익을 대변하는 것과 동시에 왕실을 견제하는 것이 그가 평생을 해 온 일이었다. 이런 유연한 태도를 가진 여왕이라면 얼마든지 환영이었다.

멜번의 눈빛이 부드러워지는 것과 반대로 존 콘로이의 얼굴은 시시각각 일그러졌다. 그는 참다못해 이를 뿌득 갈며 외쳤다.

"빅토리아! 이게 끝이 아니야! 난 아직도 네 어미의 비서관이야. 넌 그녀를 배신하지 못하고, 그녀는 내 말이라면 무엇이든 따르지. 결국 넌 나의 손바닥 안에서 춤을 추게 될 거다."

저주를 퍼붓고 낄낄거리는 존 콘로이를 보며 멜번과 빅토리아는 순식간에 얼굴이 굳어졌다. 그의 말대로 빅토리아가 홀로 서는데 가

장 큰 장애물이 바로 어머니 켄트 공작부인이었던 것이다.

"더 이상은 아니에요, 존 경."

그때, 또 다른 불청객이 서재로 걸어 들어왔다. 멜번은 예상치 못한 인물의 등장에 눈을 휘둥그렇게 떴고, 빅토리아와 존 콘로이 또한 마찬가지였다. 서재 안으로 들어온 사람은 바로 켄트 공작부인이었다.

"어머니?"

빅토리아가 눈을 깜빡이며 중얼거렸다. 공작부인은 잠시 자신의 딸을 바라보다가 눈길을 돌렸다. 평소와는 전혀 다른 차가운 눈으로 존 콘로이를 응시했다.

"플로라와 레젠 남작부인이 경찰에 끌려갔습니다. 죄명은 반역죄입니다."

그녀의 말에 존 콘로이는 의자의 손잡이를 움켜잡았다. 어찌나 세게 잡았는지 손등에 불끈 솟는 핏줄이 푸르다 못해 검게 보일 정도였다.

"더불어 공금횡령과 살인교사 혐의로 당신을 고소했어요. 그동안 왕실에서 받아 온 빅토리아와 나의 연금을 모두 써 버렸더군요."

그녀의 말이 끝남과 동시에 서재 안으로 챙이 짧고 둥근 모자를 쓴 경찰 두어 명이 들어왔다. 그리고는 존 콘로이의 팔을 등 뒤로 비틀어 잡았다.

"어떻게 나에게 이럴 수가 있어? 그깟 돈 몇 푼에! 굶어 죽을 뻔한 너희들 모녀를 먹이고 입힌 게 누군데 은혜를 이렇게 갚아? 배은망덕한 것……."

짜악!

순간 존 콘로이의 얼굴이 옆으로 휙 돌아갔다. 빅토리아는 깜짝 놀라 외마디 탄성조차 지르지 못했다. 그를 때린 사람은 바로 평소 순종을 강조하던 어머니였기 때문이었다.

공작부인이 울 것 같은 얼굴로 말했다.

"당신 말대로 난 당신을 믿었어! 그런데 나로도 모자라 감히 내 딸을……. 어긋나 버린 당신의 인생에 대한 화풀이를 할 거면 나에게 했어야 했어. 지금부터 당신이 겪을 불행과 고난은 모두 당신의 일그러진 욕망 때문이야."

공작부인은 그 말을 끝으로 꼴도 보기 싫다는 듯 존 콘로이로부터 돌아섰다. 경찰들은 그제야 그를 서재 밖으로 끌고 나갔다.

"미안하다, 내 딸. 나 때문에 네가 괜한 고생을 했구나."

서재 안이 조용해지자 공작부인은 빅토리아의 손을 잡으며 말했다.

"앞으로 나 때문에 골치 썩을 일은 없을 거야. 난 대관식이 끝나는 대로 런던 교외로 나갈 거니까."

빅토리아는 깜짝 놀라 말했다.

"아니에요, 어머니. 그럴 필요 없으세요. 존 경이 없으니 이제 저와 함께……."

"내가 정말 떠나고 싶어서 그래. 여태 말을 안 했다 뿐이지 난 정말 시골이 그립구나. 런던은 너무 복잡하고 시끄러워. 처음부터 나에겐 안 어울리는 곳이었단다."

공작부인의 목소리는 딸에 대한 미안함과 지난날의 후회로 착 가라앉아 있었다. 빅토리아는 그 목소리에서 전해지는 간절함에 고개를 끄덕였다.

"흠흠, 그럼 남은 건 대관식뿐인가요?"

멜번이 가벼운 헛기침과 함께 주위를 환기시켰다. 그는 진심으로 만족한 듯 웃고 있었다. 그렇지 않아도 공작부인에 대한 처우 때문에 골치가 아플 지경이었는데 그녀 스스로 문제에 대한 답을 가져온 것이다. 그것도 더할 수 없이 그의 마음에 드는 답을 말이다.

그는 빅토리아와 공작부인을 돌아보며 미소를 지었다.

빅토리아는 그의 미소에 답하듯 밝은 얼굴로 고개를 끄덕였다.

"잘 부탁 드려요, 멜번 수상."

"저야말로 대영제국을 잘 부탁 드린다는 말씀을 드리고 싶군요. 여왕폐하."

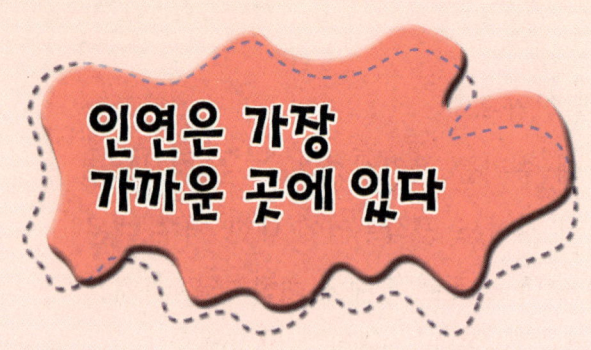

인연은 가장 가까운 곳에 있다

　윌리엄 4세의 장례식 직후였지만 대관식은 화려했다. 런던 시내는 온통 축제 분위기였다. 사람들은 저마다 가장 좋은 옷을 입고 거리로 쏟아져 나와 아름다운 여왕의 이름을 소리 높여 외쳤다. 특히 대관식이 열리는 웨스트민스터 사원 앞 도로는 화려한 꽃잎으로 뒤덮였다.

　대관식이 거행되는 사원 안쪽에는 영국 전역에서 모여든 귀족들과 유럽 각국의 축하 사절들이 앉아 있었다. 양쪽으로 나뉜 사원의 중간에는 붉디붉은 카펫이 길게 깔려 있었고, 그 끝에는 새로운 주인을 기다리는 황금빛 의자가 놓여 있었다.

　이윽고 파이프오르간이 연주를 시작하자 사람들의 고개가 입구 쪽으로 돌아갔다. 기다리던 주인공인 빅토리아 공주가 마침내 붉은 카펫 위에 모습을 드러냈기 때문이었다.

　검은 머리카락을 곱게 빗어 틀어 올린 빅토리아의 양 볼은 복숭아 빛으로 물들어 있었고, 크고 반짝이는 눈동자는 별이 촘촘히 박힌 밤하늘처럼 반짝였다. 결혼하지 않은 처녀임을 상징하는 순백의 드레스와 등 뒤로 길게 끌리며 반짝이는 금빛의 망토는 진홍의 카펫과 사뭇 대비되어 그녀를 더욱 아름답게 보이게 했다.

　거기에 까마득히 높은 천장을 한 바퀴 돌아 사람들의 귓가로 전해지는 웅장하고 장엄한 파이프오르간 소리까지 더해져 사람들은 저도 모르게 나지막한 탄성을 내질렀다.

　사람들의 감탄 속에서 빅토리아는 천천히 걸음을 옮겨 주교의 앞에 멈춰 섰다. 주교는 자신의 앞에 살짝 무릎을 굽힌 그녀의 머리 위에 자줏빛 천과 보석으로 뒤덮인 왕관을 씌워 주었다.

　"나 알렉산드리나 빅토리아 하노버는 대영제국의 여왕으로서, 그리고 법과 정의의 수호자로서 나의 일생을 조국을 위해 헌신할 것을 약속드립니다."

　빅토리아는 짧고 간략하게, 하지만 진심을 담아 외쳤다. 그리고는 우아한 몸짓으로 자신의 새 의자인 왕좌에 천천히 앉았다.

　"와아아! 빅토리아 여왕 만세!"

　순간, 누군가 큰소리로 외쳤다. 그의 고함을 시작으로 사원 안팎에는 빅토리아의 이름을 연호하는 사람들의 환호성으로 뒤덮였다.

　2층에서 그녀를 바라보던 한별과 지아는 누가 먼저랄 것도 없이 서로를 바라보았다.

"정신이 하나도 없지만 어쨌든 잘 해결된 것 같지?"

지아의 말에 한별은 고개를 끄덕이려다가 말고 중얼거렸다.

"그런데 정작 중요한 문제는 아직 그대로잖아?"

"중요한 거 뭐?"

"신랑감 찾기 말이야. 아직 한 명도 못 건진 채 그대로잖아. 저 녀석, 이제 여왕이라 맘대로 나다니지도 못할 텐데. 아무래도 신랑감 찾기는 포기하고 평생 독신으로 살아야 하나?"

한별의 말에 지아는 풋, 하고 웃음을 터뜨렸다.

"아, 그거? 아마 잘은 모르지만 그것도 해결될 것 같은데?"

대관식이 끝나자마자 빅토리아는 시녀들의 손에 이끌려 정신없이 옷을 갈아입었다. 무도회에 참석해야 했기 때문이다. 말 그대로 눈코 뜰 새 없이 바빠 텅 빈 뱃속에서는 아까부터 천둥소리가 나고 있었다.

빅토리아의 방 한쪽에는 수북이 쌓인 선물 꾸러미들이 보였다. 각계각층에서 보낸 값비싼 물건들이었다. 그 많은 선물들 가운데 유독 하나가 눈에 띈 것은 그것이 투박하고 거친 신문지에 싸여 있었기 때문이었다.

시녀가 잠시 자리를 비운 사이 빅토리아는 호기심에 그것을 집어 들었다. 그리고 포장을 푸는 순간, 눈가에 눈물이 핑 돌았다.

"이건……."

불타는 노을에 물든 몽마르트 언덕에서 환하게 웃는 소녀와 소년이 자신을 바라보고 있었다. 정신없이 파리를 떠난 뒤 까맣게 잊고 있었던 앨버트와 자신을 그린 그림이었다. 불과 몇 달밖에 되지 않았는데 파리에 갔던 것이 까마득한 옛날처럼 느껴졌다. 그리고 그만큼 그 시간, 그 추억이 사무치도록 그리워졌다.

"그러고 보니 처음부터 줄곧 앨버트와 함께였구나."

빅토리아의 얼굴이 대관식 이후 처음으로 편안하게 풀어졌다. 그리고 깨달았다. 자신이 그토록 찾아다니던 것이 사실은 가장 가까이 있었다는 사실을.

"그런 거였구나. 그러니 다른 사람이 보일 턱이 있나."

빅토리아는 지그시 깨문 입술 사이로 웃음이 피식피식 새어 나왔다.

대연회장 안에 모인 사람들 가운데 절반은 결혼 적령기의 청년들이었다. 대영제국은 해가 지지 않는다는 수식어가 붙을 정도로 막강한 나라였고, 오늘 그 영국의 주인이 된 빅토리아 여왕은 아직 미혼이었다. 멀리 인도에서부터 가까이는 빅토리아의 사촌에 이르기까지 모두들 어떻게든 빅토리아의 눈길을 사로잡기 위해 한껏 꾸민 것은 어쩌면 당연한 일이었다.

그들보다 한 발짝 떨어진 구석에는 벽에 기대선 앨버트가 입가에 씁쓸한 웃음을 짓고 있었다. 만약 삼촌의 일이 아니었더라면 자신도 저들 가운데 섞여 있었을 것이다. 어쩌면 저들 중 가장 적극적이었을지도 몰랐다. 하지만 빅토리아를 위험에 빠뜨리려던 사람이 바로 자신의 삼촌이라는 것을 안 순간, 그에게 빅토리아의 애정을 구할 자격 따위는 사라지고 없었다.

그는 미간을 찌푸린 채 총상을 입은 가슴에 가만히 손을 대 보았다. 다행히 총알은 급소를 빗겨 지나갔지만 아직도 가끔 통증이 밀려들었다. 하지만 지금 느끼는 이 통증이 상처 부위에서 기인한 것인지, 아니면 그보다 조금 더 깊은 마음속에서부터 시작된 것인지는 알 수 없었다.

그때, 한쪽에서 웅성거림이 시작되었다. 마침내 빅토리아가 나타난 것이다. 붉은색 장미로 치장한 드레스와 다이아몬드 왕관을 머리에 쓴 그녀는 당당한 여왕으로 보이기도 했고, 한편으로는 들판에서 방금 뛰어 들어온 시골 처녀처럼 보이기도 했다.

하지만 앨버트는 더 이상 빅토리아를 바라볼 수가 없었다. 음악이 흐르자 첫 번째 춤을 신청하려는 청년들이 그녀 주위로 몰려들었기 때문이었다.

"이걸로 만족해야겠지. 더 이상 바랄 수도 없는 주제에."

앨버트는 피식 웃었다. 그리고는 돌아섰다.

"어딜 도망가시나, 앨버트 대공 전하?"

"그러게 말이야. 사내자식이 비겁하게."

그런 그의 앞을 두 사람이 가로막았다. 물빛을 떠올리게 하는 연푸른 드레스를 입은 지아와, 다른 귀족들처럼 정찬 예복을 입은 한별이었다.

앨버트는 자조적인 웃음을 지으며 말했다.

"갈 때가 됐으니 가는 것뿐이야. 비켜 줘."

그때, 조금 전까지만 하더라도 시장통처럼 시끄럽던 연회장 안이 소름 끼치도록 조용해졌다. 지아는 앨버트의 등 뒤를 가리키며 알 듯 모를 듯한 미소를 지었다.

"하여튼 남자들이란……. 여자가 춤을 신청하는데 도망가는 건 또 무슨 매너야?"

앨버트는 그 말에 눈살을 찌푸렸다. 그는 마른침을 꿀꺽 삼키고는 천천히 돌아섰다.

얄밉도록 장난스럽게 눈을 빛내는 빅토리아가 거기 서 있었다. 춤을 신청하듯 앨버트를 향해 한쪽 손을 까딱까딱 내민 채 의기양양한 모습이었다.

연회장 안의 모든 사람들은 이 귀여운 커플의 모습이 부럽다는 듯, 혹은 멍하게 서 있는 그가 답답하고 한심하다는 듯한 눈길로 바라보고 있었다. 그럼에도 불구하고 앨버트는 묻지 않을 수가 없었다. 바보 같아 보여도 할 수 없었다. 그는 자신을 손가락으로 가리키며 말했다.

"나?"

"프흑……, 미치겠다. 내 속이 다 터지네."

"내버려 둬. 저러다 창피해서 죽으라고."

빅토리아 대신 한별과 지아가 한숨을 푹 내쉬었다. 그제야 앨버트는 망설이듯 손을 들어 빅토리아가 내민 손을 맞잡았다.

"하아!"

동시에 연회장 곳곳에서 한숨이 흘러나왔다. 첫 춤의 상대가 결정된 것이다. 이것은 결코 단순하지 않은 사건이었다. 보통 대관식에서 여왕의 첫 춤 상대는 남편이거나, 미혼일 경우 열에 아홉은 결혼이 유력한 상대를 의미했다. 달리 말하자면 빅토리아는 앨버트를 자신의 결혼 상대라고 공인한 것이다.

"왜 나지?"

음악이 흘러나오자 앨버트는 나직이 자신의 품에 안기듯 서 있는 빅토리아에게 물었다. 비교적 작은 키의 빅토리아가 손가락을 까딱거렸다. 앨버트는 그녀의 말을 듣기 위해 한껏 고개를 숙여 귀를 기울였다.

"주변을 좀 돌아봐. 죄다 욕심 많은 저능아에 멍청이들이잖아. 그럭저럭 당신이 제일 쓸 만해서. 왜, 싫어?"

"하지만 난, 아니 우리 삼촌이……."

"그건 그의 일이야. 그리고 그 빚은 당신이 어제 날 위해 목숨을 걸었을 때 이미 청산되었어. 그리고 모르나 본데 레오폴드 왕은 나의 외삼촌이기도 하다고."

빅토리아는 그렇게 말했음에도 여전히 꺼림칙한 표정의 앨버트에게 한층 더 낮은 목소리로 속삭였다.

"또 한 가지, 난 당신이 내 엉뚱한 과거를 발설하지 못하게 감시해야만 할 의무가 있어. 영국 여왕이 도둑질에 강도질을 했다고 떠들고 다닐 사람을 순순히 풀어줄 거라고 생각한 건 아니겠지? 엉?"

빅토리아의 속삭임에 앨버트는 어이가 없다는 듯 피식 웃고 말았다.

"말 되네. 그럼 대체 얼마나 감시할 생각인데?"

빅토리아가 조금 더 환한 미소로 대답했다.

"그야 당연히 평~생이지."

그 말에 앨버트는 깜짝 놀란 듯 눈을 크게 떴다가 이내 큰소리로 웃음을 터뜨렸다.

"하하하! 너 진짜……. 프러포즈는 남자가 하는 거란 말이야."

"누가 먼저 하면 어때? 그래서 싫다 이거야?"

"누가 싫대?"

"그럼 잔말 말고 나한테 장가와."

춤을 추다 말고 연회장 가운데서 큰소리로 싸우듯 외치는 두 사람의 대화에 사람들은 입을 쩍 벌렸다.

"세상에……. 여자가 청혼을!"

"맙소사! 말세야, 말세!"

"아이고……. 내가 오래 살다 보니 저런 꼴을 다 보네."

귀부인들은 못 볼꼴을 봤다는 듯 부채를 팔락거리며 고개를 돌렸고, 청년들은 부럽다는 듯 앨버트를 빤히 바라보았다.

그리고 한별과 지아는 피식피식 새 나오는 입을 틀어막으며 살금살금 연회장을 벗어났다.

"작별인사 없이 가도 괜찮을까?"

"후후……. 그 닭살 커플은 우리가 없어진 것도 모를걸?"

지아와 한별이 처음 켄싱턴 궁전에 왔을 때 있던 거울은 이제 원저성으로 옮겨와 있었다. 이제 갈 때가 됐다는 듯 거울은 물결치듯 일렁이며 지아와 한별을 비추고 있었다.
 지아와 한별은 어느새 드레스와 예복을 벗고 19세기 영국으로 처음 왔을 때 입었던 옷으로 갈아입은 채였다.
 거울 앞에서 지아와 마주 선 한별은 조금 어색한 듯 시선을 아래로 돌렸다. 그런 그의 손에는 언젠가 몽마르트에서 그렸던 그림 한 장이 들려 있었다.
 한별이 뭐라고 말하기도 전에 지아가 먼저 말을 꺼냈다.
 "우리도 썩 잘 어울리는 것 같지 않냐?"
 한별은 조금 놀란 듯 지아를 바라보다가 물었다.
 "그러게. 그런데 넌 약혼……할 거야?"
 "물론 언젠가는 해야지."
 그 대답에 한별이 발끈해서 외쳤다.
 "야! 너 그걸 말이라고…….."
 "하지만 그 프랑스 녀석은 아니야."
 지아는 한별의 말을 싹둑 자르며 거울 속으로 한 걸음 들어갔다. 희미하게 빛을 발하며 반짝거리는 거울은 언제나처럼 지아의 몸을 삼키듯 지워 버렸다.
 "응? 그럼 누구랑 한다는 거야? 야! 대답을 해 줘야지!"
 멍한 표정으로 남겨져 있던 한별도 뒤늦게 정신을 차린 듯 버럭 소리를 치며 지아를 따라 거울에 몸을 날렸다.
 순간 윈저성의 밤하늘 위로 눈이 부실 정도의 별비가 쏟아졌다. 사람들은 그 화려한 하늘의 공연에 감탄사를 터뜨리며 저마다 발코니로 뛰어나갔다.

빅토리아도 처음 보는 신기하고 아름다운 광경에 발코니 쪽으로 돌아섰다. 하지만 그 순간, 뭔가 잃어버린 듯한 허전함이 가슴 한구석을 스치고 지나갔다. 그리고 엉뚱한 여행을 함께 해 준 친구들이 떠났음을 직감했다.

"아아……. 떠났구나."

유성우가 쏟아져 내리는 밤하늘을 바라보는 빅토리아의 눈가가 촉촉하게 젖어올랐다. 그런 빅토리아의 작은 어깨 위에 따뜻하고 커다란 앨버트의 손길이 와 닿았다. 빅토리아는 별빛 가득한 눈망울로 그를 올려다보았다.

운명을 거스르는 지아의 선택

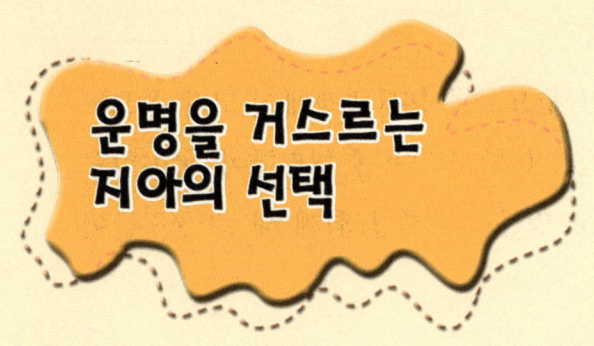

서울 시내 한가운데 위치한 호텔 주변은 각국에서 모여든 기자들로 아침부터 북새통을 이루고 있었다. 한국 최고의 재벌 K그룹의 한 회장의 손녀 지아와 프랑스 최대 백화점의 창업자의 손자 루이의 약혼식이 있는 날이었기 때문이었다. 연회장은 수백 대의 카메라와 그 몇 배의 기자들 때문에 파티장이 아니라 기자회견장 같았다.

"합병은 확실하군. 사돈이 되는 거니까."

"흠, 그럼 후계자는 누가 되는 거야? 지아? 아니면 루이?"

"나이로 보면 루이가 두 회사를 모두 가지게 되겠지. 아무래도 내년이면 18살이니까."

"설마. 깐깐한 한 회장이 그런 조건을 수락했을 리가 없어."

기자들은 한쪽에 흐뭇한 미소로 서 있는 한 회장과 프랑스의 장자크 회장을 힐끔거리며 소곤거렸다.

한 회장은 보기 드물게 미소를 짓고 있었다. 지아가 순순히 약혼식에 참석하겠다고 약속한 데 이어 며칠 전부터는 루이와 전화 통화를 하고, 어제는 공항까지 마중도 나갔기 때문이었다. 협상 상대인 장자크 회장도 무척 기분 좋은 미소를 짓고 있었다.

그때, 음악이 연주되며 화려한 커튼 뒤에서 네 명의 소년, 소녀들이 걸어 나왔다. 두 명은 오늘의 주인공인 루이와 지아였다. 넥타이에 짙은 색의 턱시도를 입은 루이는 소문대로 금발의 미소년이었다. 단아하면서도 기품 있는 드레스를 차려입은 지아도 소녀라고 부르기에는 미안할 정도로 아름다웠다. 특이하게도 둘은 각각 들러리를 한 명씩 데리고 나왔는데, 루이는 짙푸른 머리에 키가 훌쩍 큰 소년 한별을, 지아는 파란 눈에 아름다운 갈색 머리카락의 인형 같은 소녀 소피와 함께였다.

"무슨 일이래?"

"몰라. 아무튼 넷 다 그림이 되니까 사진은 잘 나오겠네."

카메라맨들은 고개를 갸웃거리면서도 보기 드물게 멋진 네 명을 향해 정신없이 셔터를 눌렀다.

먼저 마이크 앞에 선 것은 지아였다. 지아는 얼마 전까지 방에서 나오지도 않던 지난날이 거짓말인 듯 명료한 목소리로 말했다.

"저와 루이는 서로 안 지 얼마 되지 않지만 금방 친한 친구가 되었습니다. 그런 이유로 저는 루이의 사랑을 진심으로 응원하고 싶습니다."

지아의 말에 한 회장은 뭔가 이상하다는 듯 인상을 썼다. 기자들 역시 고개를 갸웃거리며 말을 아꼈다. 그렇게 주변이 조용해진 틈을 타 네 사람은 슬쩍 자리를 바꾸어 섰다. 지아가 한별과 함께 슬쩍 한 발 뒤로 빠지는 대신, 수줍은 듯 얼굴을 붉힌 소피가 지아의 자리에 섰다. 루이는 그런 소피의 손을 꽉 잡으며 말했다.

"제가 사랑하는 사람은 바로 여기, 소피입니다. 지아의 도움으로 이렇게 약혼하게 되어 진심으로 기쁩니다."

루이는 그렇게 말하고는 소피의 손가락에 준비한 반지를 끼워 주었다.

"무, 무슨……."

한 회장이 말릴 새도 없이 벌어진 일이었다. 한 회장의 얼굴이 분노로 시뻘겋게 물들었다. 반대로 장자크 회장의 얼굴은 낭패한 듯 창백하게 질렸다.

"사, 사건이다! 특종이야!"

"찍어! 무조건 찍어!"

"소피라는 애, 어디 사는 누군지 빨리 알아봐!"

잠시 당황한 듯 침묵을 지키던 기자들이 한순간 벌떼처럼 요란을 떨었다. 당연한 일이었다. 심지어 사고를 친 당사자인 루이와 소피 역시 두려운 듯 창백한 얼굴로 손을 꽉 마주 잡고 있었다.

모두가 당황하고 놀란 가운데 오직 두 사람, 한별과 지아만이 태연하게 미소를 짓고 있었다. 몇 번이나 목숨이 오락가락하는 위기를 겪어 온 둘에게 이 정도 사고는 사고 축에도 끼지 못했다.

"크으……, 답답해. 난 이런 옷은 딱 질색이야."

한별은 목을 조르는 턱시도의 목장식을 잡아당기며 투덜거렸다. 지아도 동감한다는 듯 고개를 끄덕였다.

"빨리 나가서 피자나 먹자. 배고프다."

콰앙!
"너희들이 무슨 짓을 한 건지 알기나 해?"
그날 밤, 주먹으로 탁자를 내리치는 소리와 함께 한 회장의 고함이 커다란 저택에 쩌렁쩌렁 울렸다.
지아는 평소라면 감히 쳐다보지도 못했을 할아버지의 얼굴을 똑바로 응시하며 말했다.
"잘된 거 아닌가요? 우리 모두 원하던 것을 얻었잖아요. 루이는 그

토록 원하던 사랑을, 프랑스의 장자크 회장은 그렇게 고대하던 며느리를 얻었고, 할아버지는 일이 이렇게 된 덕분에 애초 기대했던 것보다 훨씬 유리하게 합병 계약을 하셨잖아요."

지아가 조목조목 따지고 들자 할아버지는 헛기침을 하며 고개를 슬쩍 돌렸다. 지아의 말이 사실이었기 때문이었다. 루이가 이 모든 것을 계획했다고 오해한 장자크 회장은 한 회장의 요구 조건을 전폭적으로 수용하는 계약서에 재빨리 서명을 하고는 프랑스로 도망치듯 떠나 버렸다.

잠시 그 사실을 떠올리며 대견한 듯 지아를 바라보던 할아버지가 한별을 떠올리자 다시 인상을 찌푸렸다. 그도 한별의 얼굴은 알고 있었다. 몇 번인가 저택에서 마주친 적이 있기 때문이었다.

"그럼 그런 계획이 있다고 얘기를 하든가. 그런데 그 중요한 자리에 왜 하필 그런 녀석과 함께 나간 거냐?"

지아는 조금 전보다 더욱 힘주어 말했다.

"제가 좋아하니까요."

할아버지는 지아의 말에 눈을 껌뻑했다. 그리고 서서히 얼굴을 찡그렸다.

"지금 나한테…… 요리사의 아들인지 뭔지를 좋아한다고 말한 거냐?"

그때 문이 열리며 한별이 안으로 들어섰다.

"저희 아버지는 정원사이십니다. 그것도 세계 최고의!"

한별은 찌르는 듯한 한 회장의 시선을 온몸으로 받아 내며 지아의 옆에 나란히 섰다. 한 회장의 눈가가 분노로 파르르 떨렸다.

"이런 건방진 녀석……! 감히 누구에게 말장난을 하는 거냐?"

그의 뜨거운 분노 앞에 그대로 노출된 지아는 어깨를 흠칫 떨었다. 지금껏 간신히 버티고 견딘 용기가 한 번에 무너져 내리려는 순간이었다.

그때, 떨리는 지아의 손에 온기가 스쳤다. 한별의 손등이 자신의 손등에 닿은 것이다. 지아는 힐끔 눈을 돌려 옆을 바라보았다. 약간은 겁먹은 듯 입술을 앙다문 한별이 거기 서 있었다.

'아, 한별도 무서운가 보네.'

그렇게 생각한 순간 두려움은 거짓말처럼 사라졌다. 지아는 한별의 손을 먼저 잡았다.

지아의 갑작스러운 행동에 한별은 흠칫 놀라는가 싶더니 이내 미소를 지었다. 말보다 더욱 많은 의미들이 그 안에 숨어 있었다.

둘과는 반대로 분노와 불신으로 얼룩진 한 회장의 얼굴은 더할 수 없이 일그러졌다. 그렇게 방 안에는 숨 막히는 침묵이 흘렀다.

"어이가 없군. 저 한심하고 멍청한 녀석이 좋다고?"

마침내 침묵을 깨고 한 회장이 입을 열었다. 조금 전의 뜨거운 분노와는 다른 차가운 목소리였다. 그리고는 목소리만큼이나 싸늘한 눈빛으로 지아와 한별을 노려보았다.

"지금 그걸 말이라고 하는 거냐?"

이만큼 분노한 할아버지를 본 적이 없었다. 지아는 자신도 모르게 맞잡은 한별의 손을 꽉 움켜쥐었다.

빅토리아 여왕, 영국의 유토피아를 꽃피우다

영국이 '해가 지지 않는 나라'라는 거대 강국을 완성한 것은 산업혁명이 한창이던 18~19세기입니다. 그리고 그 시기의 영국을 다스린 여왕이 바로 이 책의 주인공인 빅토리아 여왕이지요.

빅토리아 여왕은 축복 받은 여왕이었습니다. 왕위 후계자가 빅토리아, 단 한 명뿐이어서 왕위 쟁탈전을 할 필요도 없었고, 이미 산업혁명을 통해 사회 안정이 완성되어 가는 시기였기에 유럽의 다른 여러 나라들이 열병처럼 앓던 시민혁명을 겪을 필요도 없었습니다. 유럽을 피로 적신 1차 대전 역시 그녀가 죽은 뒤에 발발하지요.

하지만 그렇다고 그녀가 마냥 속 편한 공주님으로 지내다가 여왕이 된 것은 아닙니다. 가장 가깝고 의지가 되어야 하는 어머니와 적으로 돌아서는 아픔을 겪고, 몇 번이나 암살의 위협에도 시달려야만 했습니다. 또한 몇백 년이나 이어져 온 왕실의 권위에 도전하는 의회와도 평생토록 외줄을 타는 듯한 첨예한 대립을 해야 했습니다.

과연 그 시기의 영국은 어떤 모습이었을까요?

왕국의 전통이 살아 숨 쉬는 나라, 영국

유럽의 서쪽 끝, 북대서양과 북해 사이에 위치한 섬나라 영국의 공식 명칭은 '그레이트브리튼-북아일랜드 연합왕국United Kingdom of Great Britain and Northern Ireland'이며, '대영 연합왕국'이라고도 합니다.

고대부터 잉글랜드 왕국 및 스코틀랜드 등 몇 개의 왕국으로 나뉘어 있던 영국은 1603년 왕국연합Union of the Crowns이라는 하나의 국가 형태를 갖춥니다. 그리고 몇 년 뒤 아일랜드까지 병합하여 마침내 완전한 하나의 왕국을 이루게 됩니다.

그 뒤 발전을 거듭한 영국은 엘리자베스 여왕을 시작으로 마침내 빅토리아 시대에 이르러서는 군사적인 측면뿐 아니라 문학, 예술, 그리고 과학 등 여러 분야에 걸쳐 프랑스와 함께 전 세계를 양분하는 강국으로 성장합니다. 전성기의 영국 영토는 지구의 약 4분의 1까지 커졌고, 인구도 이와 비슷한 비율로 성장합니다.

영국을 설명하는 데 빼놓을 수 없는 것 중 하나가 바로 정치입니다.

영국은 근대 의회 민주주의의 발상지이며 오랜 시간 모범적인 **양당정치**를 구현하고 있는 나라로, 여왕으로 대표되는 왕실이 존재하기는 하지만 '군주는 군림하되 통치하지 않는다'라는 원칙을 충실히 지키고 있지요. 이 체계가 뿌리내린 시기가 바로 빅토리아 여왕이 영국의 군주로 있던 19세기입니다.

노동당과 보수당을 기본 양당으로 하고, 최근에는 개혁적 자유주의 정당인

양당정치 : 두 정당이 차례대로 돌아가면서 권력을 차지하는 정치

자유 민주당이 국민들의 지지를 받아 제3당으로 출현하기도 했지만 아직까지 양당 체제의 이 틀은 굳건히 유지되고 있습니다.

우리나라와는 1883년 한·영 수호통상조약을 계기로 수교를 맺었으며, 고종 황제는 이를 기념하기 위해 빅토리아 여왕의 즉위식에 영국으로 사절단을 파견하기도 했습니다. 이후 6.25전쟁 때에는 영국이 연합국의 일원으로 많은 원조품을 지원했으며 1957년에는 영국과 대한민국 양국에 대사관이 설치됩니다.
 그 뒤 양국은 활발한 외교 활동을 통해 우리나라의 역대 대통령들이 때때로 영국을 방문하기도 하고, 영국도 역시 총리나 찰스 왕세자, 다이애나 왕세자비 등이 답방을 하는 형식으로 우리나라를 찾고 있습니다.
 특히 1999년에는 현재 영국의 국가수반이자 버킹엄 궁전의 주인인 엘리자베스 2세가 한국을 방문하여 안동에서 한국 전통의 방식으로 70회 생일잔치를 치러 전 세계의 이목을 집중시키기도 하였습니다.

영국의 최전성기와 그 이면의 모습

19세기 영국은 프랑스와 더불어 세계를 양분하는 강대국이었습니다. 인도를 지배하는가 하면 바다 건너 캐나다와 오스트레일리아에까지 손을 뻗는 등 활발한 정복 사업을 펼치는, 그야말로 대제국을 이룩합니다.
 영국을 견제하던 프랑스는 나폴레옹의 몰락과 함께 발발한 시민들의 무장혁명으로 치열한 내분에 휩싸여 있었고, 유럽의 다른 여러 나라들 역시 산업혁명의 후유증을 톡톡히 앓는 시기였습니다.

　이 틈을 타 영국은 군사적인 측면뿐 아니라 경제와 철학, 문학 등에서도 두각을 나타냅니다. 전 세계의 무역을 한 손에 틀어쥐고 또 다른 손에는 금융이라는 무시무시한 무기를 손에 넣게 되지요. 이것을 바탕으로 빅토리아 여왕은 장장 64년이라는 긴 시간 동안 영국의 중흥기를 이끌게 됩니다.

　하지만 겉으로 보기에는 완벽해 보이는 영국에도 부작용은 있었습니다.

　산업화의 과정에서 발생한 도시 빈민, 열악한 노동 조건과 작업 환경, 과도한 인구 집중으로 인한 전염병과 치안의 부재 등이 바로 그것입니다. 이에 의회는 부녀자들과 아이들의 노동을 규제하는 공장법을 신설하고 1911년에는 국민보험법을 제정하여 실질적 복지국가로 한 발짝 나아갑니다.

　또한 선거법 확대와 비밀투표의 보장 등을 요구하는 극렬한 노동운동, 즉 차티스트 운동Chartist Movement의 발발로 의회에서는 선거법을 개정하는 등 정치제도의 보완에도 힘을 쏟습니다.

전 세계적으로 팽배하는 제국주의

　유럽 전역에 열풍처럼 번진 시민운동과 산업혁명은 뜻밖에도 제국주의라는 엉뚱한 결과를 빚어냅니다. 모든 나라가 자국의 시민, 자국의 이익만을 추구한 나머지 다른 모든 나라에 적대적인 시선을 가지게 된 것이죠.

　각국은 경쟁이라도 하듯 팽창주의를 부르짖으며 바다 건너에 식민지를 건설했는데, 그중 가장 눈에 띄는 나라는 영국이었습니다.

　세계 각국에서 끌어들인 풍부한 자원과 산업혁명을 기반으로 하는 막강한 과학과 군사력을 바탕으로 영국은 지구상 여러 곳에 방대한 식민지를 건설하여 이른바 '해가 지지 않는' 영국연방을 이룩합니다. 이를 견제할 힘을 가진 나라는 거대한 면적을 자랑하던 러시아가 유일했습니다.

영국의 제국주의의 특징은 상업적 동기에서 비롯되었다는 사실입니다. 자유주의적 제국을 건설한 것이죠. 이것과는 반대로 1870년대 통일을 이룬 독일은 혈통과 힘의 원리를 앞세운 제국주의를 표방하지요. 그리고 그것은 끔찍한 두 번의 세계 대전으로 이어지고 맙니다.

영국이 식민지 중에서 가장 애착을 가진 곳은 인도였습니다. 인도는 단일 지역으로는 가장 큰 교역국이었으며, 중국과의 삼각무역을 하기 위한 지리적 요충지이기도 했기 때문이었지요.

영국은 인도를 제2의 영국으로 만들려는 듯 영어를 중심으로 교육을 시키고 황제가 다스리던 인도식 법과 제도를 영국식으로 뜯어고칩니다. 또한 동인도회사를 설립하여 인도에서 나는 향료 등 특산물을 독점하기도 하지요.

하지만 이런 영국의 간접적 통치는 1857년 발발한 세포이 반란으로 끝을 맺게 됩니다. 수많은 사상자를 낸 이 전쟁으로 영국은 동인도회사를 해체, 영국에서 파견한 총독이 직접 인도를 다스리는 형태로 체제를 바꿉니다. 그리고 그 결과 그때까지 형식적으로나마 인도를 지배하던 인도의 무굴 제국은 완전히 역사의 뒤안길로 사라지고 빅토리아 여왕이 직접 인도의 황제가 됩니다.

동인도회사 - 제국주의 시대에 유럽 각국이 인도와 동남아시아와의 무역을 독점하기 위해 동인도에 세운 회사

빅토리아 여왕의 생애와 업적

빅토리아 여왕은 영국의 단 하나뿐인 후계자라는 이유로 무척 불행한 유년 시절을 겪었습니다. 혼자 있는 시간은 허락되지 않았으며 그렇다고 친구를 만날 수도 없었지요. 여왕이 되기 전 그녀의 유일한 친구는 대쉬Dash라는 강아지 한 마리뿐이었습니다.

빅토리아는 눈을 뜨는 순간부터 잠들 때까지 감시의 눈을 벗어나지 못하는 그 생활이 견딜 수 없이 답답했습니다. 18살이 되던 어느 날, 삼촌인 윌리엄 4세의 죽음으로 여왕이 되었다는 소식을 들었을 때 그녀가 여왕으로서 가장 먼저 요구한 것이 바로 자신만의 침실이었다는 말이 나올 정도였지요.

여왕이 된 그녀가 왕실의 위엄과 영국을 위해 한 가장 큰 일은 바로 의회와 손을 잡은 것입니다. 이는 '군주는 군림하되 통치하지 않는다'는 원칙을 스스로 지킨 행동으로, 영국은 후일 세계 어느 나라보다 안정적인 정치 발전을 이룩할 수 있었답니다.

또 한 가지, 빅토리아의 일생에서 중요한 것이 바로 사랑입니다. 사촌인 앨버트를 본 순간 사랑에 빠진 그녀는 앨버트의 재능을 알아보고는 자신의 정치 업무를 나누어 줍니다.

그렇게 해서 앨버트가 계획하고 개최한 만국 박람회는 빅토리아의 또 다른 업적이 되어 후세 사람들로 하여금 그녀를 더욱 높게 평가 받도록 해 주지요. 앨버트는 이뿐 아니라 빅토리아와 의회와의 갈등을 중간에서 조율함으로써 가장 이상적인 여왕의 남편이라는 말을 듣기도 합니다.

실제로 빅토리아와 앨버트는 서로를 무척이나 깊이 사랑했습니다. 앨버트가 1861년, 42세라는 젊은 나이로 죽자 빅토리아는 생애의 나머지 기간 동안 언제나 그를 기억하며 검은 상복을 입었을 정도였습니다.

남편을 그리던 그녀는 1901년, 향년 82세에 조용히 눈을 감고 맙니다. 그리고 그녀의 죽음 이후로, 눈부셨던 대영제국도 서서히 내리막길을 걷게 됩니다.

빅토리아 여왕의 자율적 리더십

19세기 영국을 흔히 빅토리아의 시대라고 부르는 이유는 '해가 지지 않는 제국'을 건설한 전성기를 기념하기 위한 이유도 있지만, 64년간 영국을 다스린 빅토리아 여왕의 독특한 가치관과 풍조를 영국 전체가 공유한 까닭이기도 합니다. 바로 엄격한 도덕성과 자유, 그리고 스스로 모든 것을 해 나가는 독립심이죠.

당시만 하더라도 여자는 남자에게 종속된 존재로 인식되던 때에, 빅토리아 여왕은 "최대 다수의 최대 행복"이라는 말과 "하늘은 스스로 돕는 자를 돕는다"라는 속담을 내세우며 모든 사람은 스스로 행복을 쟁취할 권리가 있음을 역설했습니다.

누구나 그렇듯이 여러분도 원하는 것을 얻기 위해 노력하고 있을 것입니다. 가끔은 아무리 노력하고 노력해도 불가능해 보여 실망하거나 좌절한 경험도 있을지 모릅니다.

 하지만 그럴 때일수록 기억해야 할 것은 빅토리아 여왕이 추구했던 것처럼 스스로의 원칙을 지켜 자율적으로 원하는 바를 이뤄야 한다는 사실입니다.

 결과가 어찌 됐든 노력하는 그 과정이야말로 우리를 한층 더 성장시키는 자양분이 될 것이며, 그런 노력이 쌓이다 보면 언젠가 생각지도 못한 순간에 노력의 찬란한 결과물이 여러분의 앞에 펼쳐질 것이기 때문입니다.